도덕경단상 81 **행복한 인생**

도덕경단상 81 **행복한 인생**

지은이 안은수
펴낸이 김기창

편집디자인 김숙경
표지디자인 정신영
초판 2쇄 펴낸날 2009년 8월 12일

도서출판 문사철
서울특별시 종로구 명륜동 1가 51번지 트리플 빌딩 102호
전화 02)741-7719 / 팩스 0303)0300-7719
전자우편 bk010@naver.com
출판등록 제 300-2008-40호
ISBN 978-89-961193-3-3

책값은 뒤표지에 있습니다.

도덕경단상 81 행복한 인생

안은수 지음

도서출판 **문사철**

고백…

이번 여름방학의 사십 여 일을 나는 캐나다의 벤쿠버에서 지냈다. 생전 처음 맛보는 장기간의 달콤한 휴식이었다. 서울에서 날 기다리는 복잡한 일들이 아무 것도 생각나지 않았고 무심한 마음으로 오늘은 어디에 가서 무엇을 보고 어떤 것을 먹을까 정도를 고민하며 지낸 시간들이었다. 그것마저 생각하기 귀찮고 다리도 아프다면 잉글리쉬베이 해변의 풀밭으로 가 누워버리면 그만이었다.

아마 빅토리아에 다녀오던 페리 선상이었을 것이다. 이틀 동안 낯선 도시를 헤매 다니느라 몸은 대단히 피곤하였는데 쌀쌀하게 부는 바닷바람이 정신을 맑게 해 주면서 한 생각 들었으니, '아! 어쩌자고 눈앞에 보이는 풍경은 저리도 아름다우며 나는 무슨 인연으로 여기 이렇게 아름다운 태평양 한가운데에 섬처럼 떠있는가!' 논리로 설명되지 않는 인연과 생에 대한 고마움이 이번 여행의 화두였던 것 같다. 고맙고 행복한 여름이었다.

그런데 이 글을 썼던 지난 2005년의 가을에서 겨울, 그리고 그 다음해 봄까지 나는 전혀 행복하지 않았다. 기억하는 한에서 내 생의 가장 힘겨운 시간들이었고, 그래서 『도덕경』을 읽기 시작했을 것이다. 생전 처음 겨울을 맞는 사람처럼 곧 다가 올 추위를 두려워하는 자신이 낯설고 당혹스러웠던 나는 그 가을과 겨울 내내 『도덕경』과 함께 살았다. 독서와 사색이 그나마 그 시간들을 견디게 해 주었고 딛고 일어 날 힘을 주었다고 믿는다.

그러니까 이 기록은 그 가을의 『도덕경』 독서기[*]인 셈이다. 아마 2000년의 겨울이거나 2008년의 봄이었다면 난 이것과는 사뭇 다른 각도에서 노자의 글들을 읽었을 테고 또 전혀 다른 글자에 마음을 두었을지 모른다. 내가 서 있는 자리에 따라 다양한 글 읽기가 가능하기에 한 사람이 고전을 이해하고 살피는 데에도 무한한 가능성이 열려있다. 이것이 내가 생각하는 고전의 매력이다.

---

[*] 이 글의 대부분은 2005년 가을에서 겨울에 생산된 것이므로 지금 상황과 다른 내용이 보일 수 있습니다.

공자나 노자 계열의 사람들이 이 세상을 향해 던진 정곡을 찌르는 화려한 말들의 중심에는 언제나 네가 있는 자리를 살피라는 의중이 들어 있다. 그것은 '나'라는 존재의 실존적 파악을 포함한 일상을 중요하게 여기는 관점이다. 내가 살 부딪고 숨 쉬는 '지금 여기'를 최대한 이해하고 사랑하며 거기에 잘 어울려서 살라는 메시지가 그들의 언어 곳곳에 녹아있다. 그들은 모두 상생相生을 말하였던 것이다. 그리하여 내게 '일상성'과 '소통'은 공부의 화두가 되었고 다른 사람과 나누는 일의 중요성을 챙기게 되었다. 이것이 내가 많은 시간을 들여 배워 얻은 소박하지만 큰 가르침이다. 그리고 이러한 맥락에서 고전을 읽는 것이 고전을 해석하는 나의 기본 관점이기도 하다.

『도덕경』은 세계적으로 가장 번역이 많이 된 책 중의 하나로 꼽히는 동양고전의 대표저작이다. 판본의 문제나 작자의 문제 등 학술적 논란이 적지 않은 문제작이기도 하다. 나는 많은 사람들이 읽었던 통행본을 저본으로 하면서 백서본을 참고하며 독서하였는데 여러 복잡한 문제를 떠나서 노자가 말하는 메시지는 크게 다르지 않은 것으로 이해하였다. 그래서 다양한 학술적 논의는 접어두고, 노자가 말한 이야기의 알갱이가 무엇인지 또 그

것이 내게 어떤 의미를 주는지에 대해서만 주목하기로 하였다.

　사람들은 『도덕경』이 소국과민小國寡民을 주장하는 고도의 정치술이 돋보이는 저작이라거나 혹은 은둔자의 사상을 대변하는 책이라 말한다. 그런데 나로 말하면 지난 가을 『도덕경』을 읽는 내내 '그래서 너 지금 행복하니?'라고 묻는 노자의 목소리를 들을 수 있었다. 그러니 나로서는 이 책이 '노자의 행복론'이라 간명하게 말할 수 있다. 노자는 매우 현실적인 감각을 지닌 사상가이고 『도덕경』에서는 열심히 잘 사는 것 위에 '행복하게'라는 수식어가 붙어야 함을 말하고 있기 때문이다. 그리고 그 행복한 도의 세계는 바로 우리 일상 가까이에서 찾아져야 하는 것임을 강조하였다.

　보통은 하루에 한 장씩 『도덕경』의 원문을 읽었다. 우선 전체 내용을 통독하면서 특별히 눈에 띄는 단어나 구절을 따로 발췌하였다. 그리고 발췌한 구절을 주제로 나의 일상을 돌아보며 마치 일기를 쓰듯 에세이를 써 보았다. 노자가 말한 대로 따르면 더 행복하고 즐거운 일상이 되어 주리라는 믿음과 상상에 근거한 사색들이었다.

고전을 해독하는 방식은 하나가 아니다. 우리들 삶이 각가지인 것처럼 노자를 읽고 이해하는 방식도 자신의 일상적 삶에 비추어 다양하게 만들어질 수 있는 것이다. 그걸 주변의 친구들과 나누고 싶어서 이 글을 내 놓게 되었다.

처음 글을 쓴 이후 삼년 정도의 시간이 흐른 지금도 노자에 대한 내 생각에는 큰 변함이 없지만 나의 생활은 그 때 보다 강건해졌다고 자평할 수 있다. 고마운 일이다. 이런 고마운 마음을 주변과 나눌 수 있고 또 나의 묵은 글들이 세상과 소통할 수 있게 되었으니 참으로 행복한 일이다. 복 많이 받으세요. '문사철' 여러분! 고맙습니다.

2008년 이른 가을에
안 은 수

차례

고백… | 5

하나   내 안에 사랑 있다! | 14
둘   내겐 너무나도 아름다운 그녀 | 18
셋   기죽지 않고 살 수 있는 법 | 22
넷   마음을 비우고? | 26
다섯   최상의 카운슬러 | 30
여섯   우리가 엄마를 그리워하는 이유 | 34
일곱   부자를 꿈꾸는 이를 위한 주문 | 38
여덟   멋지게 세련된 사람 | 42
아홉   〈부에나 비스타 소셜 클럽〉의 매력 | 46
열   거울과 같은 사람 | 50
열하나 〈화양연화〉의 미학 | 54
열둘   '폐인' 증후군 | 58
열셋   사랑의 유효기간 | 62
열넷   블루 문 | 66
열다섯 그물에 걸리지 않는 바람처럼,
       진흙에 더러워지지 않는 연꽃처럼! | 70
열여섯 "나 다시 돌아 갈래!" | 74
열일곱 친근한 리더 | 78
열여덟 넷티켓 | 82
열아홉 그 터만 남았지만 | 86

스물   참으로 시원한 자아발견 스토리 | *90*

스물하나   통하였느냐? | *94*

스물둘   친절함에 대한 다중적 기준? | *98*

스물셋   유유상종(類類相從)·근묵자흑(近墨者黑) | *102*

스물넷   마라톤 예찬 | *106*

스물다섯   누구세요? | *110*

스물여섯   '깊이'에 대한 그리움 | *114*

스물일곱   불륜 혹은 의심 증후군 | *118*

스물여덟   산이 깊으면 골짜기도 깊다 | *122*

스물아홉   사랑의 기술 | *126*

서른   여전히 계속되는 불공정 게임들 | *130*

서른하나   아름다운 패배 | *134*

서른둘   일단 멈춤 | *138*

서른셋   자화상 | *142*

서른넷   할머니의 품 | *146*

서른다섯   맛난 음식의 유혹 | *150*

서른여섯   고수들의 향연 | *154*

서른일곱   참 이상한 일들 | *158*

서른여덟   취향의 급수 | *162*

서른아홉   마지막까지 남아 있는 것 | *166*

마흔   반면(反面) | *170*

마흔하나   그 사람 | *174*

마흔둘　바리공주의 품　|　*178*

마흔셋　틈이 없는 틈　|　*182*

마흔넷　욕심　|　*186*

마흔다섯　감동이 있는 이야기　|　*190*

마흔여섯　중독에 관하여　|　*194*

마흔일곱　진정 통했다면　|　*198*

마흔여덟　덜어내는 것은 어려워!　|　*202*

마흔아홉　원하는 것과 옳은 것　|　*206*

쉰　우산과 자살　|　*210*

쉰하나　산책　|　*214*

쉰둘　사소한, 너무 사소한 것으로부터　|　*218*

쉰셋　소박한 밥상　|　*222*

쉰넷　그럼에도 불구하고… 사랑하기!　|　*226*

쉰다섯　아기와 노인　|　*230*

쉰여섯　행복한 상상　|　*234*

쉰일곱　예쁜 나의 친구들　|　*238*

쉰여덟　시원한 소식　|　*242*

쉰아홉　겨울나무　|　*246*

예순　식재료 다루듯　|　*250*

예순하나　게임의 법칙　|　*254*

예순둘　방에 관한 단상　|　*258*

예순셋　작은 것이 아름답다　|　*262*

예순넷　징후, 떨어지는 잎새 하나로 가을이 올 것을
　　　　짐작한다(一葉落知天下秋)　｜　*266*

예순다섯　요가 수련 10개월 차　｜　*270*

예순여섯　내가 그날 기뻤던 이유는　｜　*274*

예순일곱　부드러움에서 비롯되는 용기　｜　*278*

예순여덟　냉정한 금식씨　｜　*282*

예순아홉　무장해제　｜　*286*

일흔　주인의식　｜　*290*

일흔하나　자가진단　｜　*294*

일흔둘　네 멋대로 해라　｜　*298*

일흔셋　참을 수 없는 존재의 깊이　｜　*302*

일흔넷　아름다운 장인　｜　*306*

일흔다섯　미운 사위에게 매생이국을!　｜　*310*

일흔여섯　동지(冬至)의 상징　｜　*314*

일흔일곱　역사 이래 골칫거리　｜　*318*

일흔여덟　뉘앙스　｜　*322*

일흔아홉　있을 때 잘해요!　｜　*326*

여든　살림살이　｜　*330*

여든하나　재미있는 인생　｜　*334*

하나,
내 안에 사랑 있다!

常道 : 변하지 않는 도

영화 〈봄날은 간다〉의 상우는 말간 얼굴로 헤어지자 말하는 은수에게 절망스러운 독백과 같은 한 마디를 던진다. "사랑이 어떻게 변하니." 영화를 보면서는 사랑에 달뜬 청년의 심정이 아려서 그 여자 참 모질다고 생각하지 않았던 건 아니다. 그러나 결국엔 한창 사랑에 달구어져 있는 남자에게 이별을 말하는 쪽보다는 사랑이 어떻게 변하냐고 들이대는 남자 쪽이 더 위험하다는 걸 인정하지 않을 수 없었다. 왜냐구? 이 세상에 던져진 어떤 것도 변하지 않는 건 없으므로.

돌아보면 내가 스스로 불행하다 여겨 무기력해져 있거나 혹은 우울증 증세로 밥맛을 잃었던 경우의 구십프로는 불변의 무엇에 대한 기대 때문이었던 것 같다. 실은 변하지 않는 게 이상한 일인데도 우린 끝없이 속으면서 또다시 바란다. 그는, 그것은 거기 그대로 있어주었음! 이런 증세에 시달릴 때 머리를 환기시킬 수 있는 방법 중 하나가 에스에프영화 보기이다. 〈은하수를 여행하는 히치하이커를 위한 안내서〉는 최근 내게 아스피린과 같은 역할을 해 주었던 영화다. 에스에프영화라는 것이 원래 인간의 상상력을 담보로 하기에 왠만한 기발함 쯤은 그저 한 번 웃으면서 지날 수 있는 법이니 이 영화가 보여 준 우주적 상상력들도 대수롭지 않은 것이었다. 이 영화는 우주개발계획으로 매우 사소하게 철거되어버린 지구를 용케 탈출한 지구인 두 명과 그들의 친구들이 벌이는 우주 여행기이다. 히치하이커가 되어 우주여행을 하는 이들이 들고 다니는 여행 안내서에 지구란 단어를 입력하면 별스럽지 않은 별이란(고속도로 건설을 위해 철거해버린다 해도 아무런 문제될 것이 없는) 한 줄도 채 안 되는 설명이 나올 뿐이다.

피식 웃으면서 한편으로 스치는 상념들. 내가 중심이라 믿고 있던 것들이나 변하지 않을 거라 확신하고 있던 일들이 진짜배기-진정성을 지닌 것들이었나. 우주적인 관점에서 지구는 나이도 크기도 초라하기 조차한 하나의 행성에 불과할 터인데, 인간들의 지구 중심적 사고는 부풀어 오를 대로 부풀어 올라 있는 것처럼 말이다. 부질없이 스스로 중심이라 여긴 것들을 추종하다가 그것을 제외한 많은 것들을 포기하거나 잃어버리고 종내 심심해했던 건 아니었을까.

노자적 생각의 핵심은 주류라 여겨지는 것들에 대한 반문, 예컨대 '그것만 옳거나 그렇게 해야만 행복한 걸까?'를 묻는 방식이라 이해한다. 그래서 내게는 노자의 서술들이 다들 좋다고 추종하는 그것이 내게도 정말 흥미 있는 것인지를 스스로에게 물어보라는 주문처럼 들린다. 혹시 진짜 핵심이 되는 건 놓치면서 가짜로 만들어져서 곧 부서져버릴 것에 평생을 걸고 있는 건 아닌지를 의심해 보라고 말이다.

사랑은 변한다. 좀 더 정확히 말하면 그 사랑을 하는 사람과 그 사람들의 환경이 변하기에 그들의 나눔도 변할 수밖에. 그걸 인정하지 않는 한 항상 그 자리에 아무렇지도 않은 얼굴로 존재하는 사랑의 실질까지 놓칠 수 있다. 그래 분명 내 안에 사랑 있다. 이건 변하지 않는 어쩜 영원하다 해도 좋을 정신의 고향일지 모른다. 그러나 그 사랑이 일단 세상에 던져진 후에는 시시각각으로 변화하는 과정에 놓인다. 당연히 그것은 제대로 발효되어 진화해 갈 수도 혹은 깨져버리거나 상한채로 버려질 수도 있다.

제1장

구체적으로 표현할 수 있는 도는 영원한 도가 아니고,
무어라 이름붙일 수 있는 이름은 불변하는 이름이
아니다.
무는 천지의 시작을 표현하는 말이고,
유는 만물의 어머니와 같은 말이다.
그러므로 항상 무욕으로 그 묘한 도의 세계를 바라보고
항상 유욕으로써 세상이 돌아가는 과정을 관조한다.
그렇다고 해도 유와 무는 같은 데에서 났고
이름만 다를 뿐이다.
둘 다 현묘하다고 말하니
현묘하고도 현묘하여
모든 미묘한 작용의 문과도 같다.

둘,
내겐 너무나도 아름다운 그녀

高下相傾 : 높은 것과 낮은 것은 서로 기운다. 존재의 상대성 인정!

다니엘 헤니 같은 스타일리쉬한 남성은 화면에서 보는 것으로 족하고, 살아있는 현장에서라면 살짝 살집이 있는 팬더형에 한 표. 누구나 이성에 대해 천편일률적으로 선호하는 스타일이 정해져 있다면 거짓말 약간 보태서 오늘날까지 이 세상이 이 정도로 온전히 지탱되었을 리가 없다. 지구의 안위를 위해 각자의 입맛이 다르다는 건 참으로 다행한 일이다.

공원 같은 데라도 앉아 있는데 한 무리의 아이들이 몰려 와서 노는 모양을 보면 어쩜 그렇게 다른 식으로 반응하는지, 얼굴 생긴 모양대로 천태만상이다. 샌님 스타일에서 왕성한 에너자이저에 이르기까지 그 스펙트럼이 참으로 넓다. 이랬던 아이들이 학교에 다닌 햇수가 늘어가고 나이를 더해 갈수록 그 다양한 스펙트럼의 너비를 줄여간다. 진짜로 그들의 성정이 변하는 것인지 아니면 외부로 표현되는 양상만 사회화란 이름의 학습으로 조절되는 것인지 모르겠지만 말이다. 어쨌든 성인으로 갈수록 개별성 보다는 공통점이 더 많은 모양새를 띄는 건 분명한 일이다.

거기다 웰빙 식단의 선전을 충실히 수용하여 산양유를 마시고 유기농 콩으로 만든 두부요리를 먹으며, 힙합으로 친절하게 일괄 정리된 음반시장의 배려로 언제 어디서나 힙합을 들으며 흥을 돋우고, 주 3회의 요가쯤은 기본이며, 올 가을 패션 코드인 검정을 주제로 한 심플한 의상 몇 벌 갖추는 예의를 잊지 않고, 주말엔 주말농장이나 근교의 산림에서 산림욕을 즐기며 와인 한 잔으로 한 주를 마감하는 동시에 방금 결혼정보회사의 주선으로 부부의 계약을 맺은 그녀와 안락한 밤을 맞이한다. 뭐 이런 식으로 제공된 생활패턴을 선호하기라도 한다면 사람들 간의 차이를 발견하는 일은 난감한 일로 남을지도 모른다.

묻어가는 인생을 생활철학으로 말하는 개그맨의 입담이 아니더라도 튀는 쪽 보다는 무난히 비슷하게 가는 쪽이 안전하다는 건 누구에게라도 자연스럽게 학습된다. 예컨대 내 방식을 고집해 보려는 마음으로 긴 치마가 유행하는 시절에 짧은 치마를 입어 보겠다고 나섰는데, 그럴 때 짧은 길이의 치마를 구하는 일이 얼마나 어려운지는 경험 해 본 사람은 다 안다. 그렇다면 이젠 짧은 치마를 포기하든지 돈을 좀 쓰고 시간을 투자해서 자체 제작하는 쪽을 선택해야만 한다. 알다시피 대부분의 우리가 가진 돈이나 시간은 그리 친절하지 않으므로 나의 다음 선택은 예상하기 어려운 일이 아니다.

나는 그게 옷이든 음식이든 아니면 사람이거나 간에 다른 사람이 다들 좋다고 하는 것 말고, 정말 내게 흡족한 것을 마주했을 때의 편안함을 좋아한다. 사람들의 취향이 각가지인 것이 바로 자연인데 우리가 살고 있는 세상은 규격화된 것을 선전하며 심지어 강요한다.

세상엔 크고 작고, 있고 없고, 높고 낮고, 길고 짧은 다양한 것들이 존재한다. 그것들은 나름의 가치와 의미를 지니며 상대적인 것이기도 하다. 그리고 세상 사람들에겐 각자 나름의 취향이 있다. 그러니까 획일적으로 그들을 포맷하려는 기획은 자연스럽지 못한 일이다. 어떤 이에겐 큰 것이 좋지만 작은 것이 더 좋은 사람도 있는 법이니까. 또 커서 좋은 것도 있고 작으니까 더 좋은 것도 있지 않은가. 결국 우리는 그 많은 것들 중의 하나를 스스로 선택할 수 있는 자유를 누리고 싶은 것이다.

제2장

세상 사람들은 아름다운 것을 아름답다고 여길 줄 알지만
그것은 흉한 것일 뿐이다.
세상 사람들은 선한 것을 선하다 여길 줄 알지만
그것은 선하지 않은 것일 뿐이다.
그러므로 유와 무는 서로를 낳게 하고
어려움과 쉬움은 서로를 이루어 주며
길고 짧은 것은 서로를 견주고
높고 낮은 것은 서로를 드러내며
여러 소리는 서로 조화를 이루고
앞과 뒤는 서로 따른다.
그래서 성인은 무위의 일에 처하고
말 없는 가르침을 행하며
만물을 진작시키고도 자랑하지 않고
생겨나도록 하고도 소유하지 않으며
이루고도 자랑하지 않고
공을 이루고도 그것을 자기 것으로 고집하지 않는다.
오직 자기 것으로 고집하지 않기 때문에
떠나가버리지도 않는다.

셋,
기죽지 않고 살 수 있는 법

弱其志, 强其骨 : 그 의욕은 약하게, 그 근간은 강하게

요즘 텔레비전 화면을 통해 전달되는 광고들은 참으로 기발하고 감각적이어서 보는 사람의 시선을 멈추게 하는 장면들이 적지 않다. 입맛 까다로운 시청자들의 눈길을 잡기위해 끝없이 고심해야 할 광고 생산자들의 고민이 멀지 않게 느껴진다. 아마 1~2분 안에 그 상품을 먹고 싶거나 갖고 싶도록 해야만 한다는 강박증이 이미 그들의 직업병으로 등록되었는지 모른다. 어쨌거나 특히 신세대를 겨냥한 상품들 예컨대 핸드폰이나 디지털카메라 같은 상품을 선전하는 광고는 완전 재밌다. 이래저래 난 광고를 즐겨 보는 편인데 재미에다가 세상 돌아가는 사정을 간편하게 이해할 수 있다는 장점까지 있으니 얼마나 고마운 일인가. 충실한 구매자가 되지 못한다는 점에

선 다소 미안한 감도 없지 않지만.

한 아파트 광고는 어떤 집에 사는가가 그 사람의 인격을 결정한다는 의미의 카피가 등장했더랬다. 익숙한 얼굴의 탤런트가 편안한 음성으로 전하는 그 카피는 너무 진솔하게 느껴져서 누구라도 '그렇구말구' 맞장구라도 칠 듯한 분위기를 연출하고 있었다. 그러니 누군들 유비쿼터스 환경을 지향하는 넓은 평형의 집에 살고 싶다는 염원을 품지 않을 수 있겠는가. 고급한 인격으로 인정받고픈 것이 보통의 우리들인데 말이다. 금방 따져 봐도 강남의 40평 쯤 되는 아파트의 매매가와 지금 내 수입과의 거리는 계산이 나오질 않는 숫자의 격차를 보인다. 그렇다면 이런 현실 앞에서 누구라서 당당할 수 있을까. 그런 숫자의 차이는 인격의 미달 수준을 그대로 반영한다는데. 안락한 생활 쪽은 접어두더라도 저급의 인격자로 전락하는 현실 앞에서 아무렇지도 않을 사람은 아무도 없을 테니까.

돈은 있으면 좋고 편리한 것이지만 없어도 단지 불편한 것 이상의 의미는 없다는 고전적인 진술은 기억 속에나 혹은 교과서 한편에만 존재하는 게 이미 현실이다. 돈이 없는 것은 악이다. 돈이 되는 일은 무엇도 가능한 미덕이지만 돈이 안 되는 일은 어떤 것도 누추할 뿐이다. 그런데 아무리 세태가 그렇다 쳐도 이 세상엔 부자가 아닌 사람이 너무 많은데 그들이 모두 저급한 인격의 불행한 사람들로 몰리는 건 심하게 억울한 일이다.

풍부한 재력으로 안락한 생활을 영위할 수 있는 건 누구나 바라마지 않는 일이다. 그러나 공정하지 못한 게임의 결과로 얻은 재산은 부끄럽고 누추한 고기 덩어리에 불과할 뿐이다. 돈은 되지 않지만 진정 그 사람 때문에 혹은 그 일 때문에 따뜻하고 행복할 수 있는 과정도 있다고 믿는다.

꼭 반드시 쟁취하고야 말겠다는 욕구가 언제나 선은 아니다. '반드시'나 '기필코', '너무'라는 수식이 붙어서 좋은 일은 그리 많지 않은 것 같다. 지나침은 미치지 못하는 것과 같다고 했다. 뿌리가 튼실하다거나 골격이 단단해서 다소 강한 바람에도 끄떡 없이 버틸 수 있는 능력이야말로 얼마나 멋진가. 사람의 인격은 아파트 평수가 결정해 주지 않는다고 믿는 사람들의 심정도 광고가 될 수 있을까.

제3장

현명함을 숭상하지 않으면
사람들이 다투지 않도록 할 수 있고
얻기 어려운 재화를 귀하게 여기지 않으면
사람들이 도둑이 되지 않게 할 수 있으며
욕심낼 만한 것을 보이지 않으면
사람들의 마음이 어지러워지지 않도록 할 수 있다.
그래서 성인의 다스림은
그 마음을 텅 비게 하고 그 배는 채워주며
그 뜻은 약하게 하고 그 **뼈**를 강하게 한다.
항상 사람들로 하여금 무지 무욕하도록 하고
저 꾀를 쓰는 자들이 감히 무슨 일을 하지 못하도록 한다.
무위를 행하면 다스리지 못할 것이 없다.

넷,
마음을 비우고?

沖 : 비어 있음.

마음을 비우고 국민을 위해 할 수 있는 모든 일을 하겠다. 선거 때마다 하도 많이 들어서 더 이상 솔깃하지도 않은 다짐이다. '될 수 있으면 욕심을 줄여보겠다'거나 '가능한 만큼 정직해 보려고 애 쓰겠다'는 식이면 혹 믿어보고 싶기도 할 텐데, 그들은 언제나 자동프로그래밍 되어있는 멘트를 날린다. "마음을 비우고~". 그게 무슨 뜻인지를 알고서는 도저히 그 말을 함부로 사용하지 못할 일인데. 무식해서 용감한 걸까. 그렇다 해도 대중들의 의식을 따라오지 못하는 진부한 정치인들의 생명력이 서서히 저물어 간다고 감히 말해도 좋을 것인지는 일단 유보.

바둑을 두면서 저 집을 확보해야만 한다고 급급해 하

다가 더 큰 집을 놓치는 경우가 있는 것처럼 급급한 맘으로 더 큰 손실을 본 경우의 허망함을 누군들 모르겠는가. 여기 사랑이라는 이름 아래서 그러니까 그를 놓치지 않겠다는 일념으로 그 사람을 자기 맘에 가둬두고 일상의 일거수일투족을 감시 감독하는 사람이 있다(심하면 정신과적 병으로 발전 가능). 그러한 그의 '사랑'을 받는 사람은 얼마 지나지 않아 그것이 사랑이 아니라는 걸 알아버릴 것이고 그러면 그들의 관계는 거기서 끝을 고하겠지. 급급해 하다가 사람을 놓치는 경우다. 상실감 중의 최고봉이라는, 말 그대로 '사랑이 저만치 가네'이다.

귀한 집이 있다면 전체적인 판세 안에서 그 집을 차지하는 방법을 강구하는 것이 바둑 고수들의 선택이고, 사랑하는 사람을 제대로 숨 쉴 수 있게 배려하는 것이 자기 사람을 차지하는 연애 고수들의 방법이다. 욕심을 충족하기 위해서는 일단 욕심을 비우는 작업이 필요한 것이랄까. 비워낸다는 것은 다음에 채울 수 있음을 의미한다. 채울 수 있는 것의 전제는 비움이다. 가득 차 있는 데에 무엇이 더 들어갈 여지는 없으니까.

노자의 도는 비어있는 형태라 했다. 결핍된 것이 아니라 받아들일 수 있는 능력을 지닌 빈 공간이다. 그래서 도는 '너무'하거나 '지나친' 것들을 마모시켜줄 수 있는 것이다. 너무 반짝이는 건 다소 그 빛을 감출 수 있도록 하고, 너무 예리한 것은 좀 무디게 만들며, 너무 복잡한 건 좀 단순하게 해 주는 식으로 말이다. 노자는 그런 도의 작용을 배우는 길이 자기가 갖고 싶은 것을 오래도록 가질 수 있는 최선의 방법이라 우리에게 이야기 한다.

정치하는 사람들이 진정으로 '비운다'는 의미를 안다면 쉽게 그 단어를 넣은 문장을 구사하기 어려울 테고, 만약 어렵사리 그런 류의 말을 대중을 향해 할 수 있다면 쉽지 않은 길을 가겠다는 다짐일 것이다. 마음을 비우고 자기가 왜 그 자리에 있는지를 자각한 정치인들이 실존하는 세상을 그려보는 일은 참으로 행복한 상상이다.

제4장

도는 비어있어서
아무리 써도 넘치지 않는 것 같고
깊구나! 만물의 근원인 것 같다.
그 날카로움을 꺾고,
그 복잡한 것을 풀며
그 번쩍이는 것을 부드럽게 하고,
티끌과 함께 하니
그윽하구나! 있는 듯 없는 듯하네.
나는 도가 누구의 자식인지 알 수 없으며
마치 상제 보다 앞서 존재한 것 같다.

다섯,
최상의 카운슬러

橐籥 : 풀무

이제 커다란 사내아이 둘로부터 엄마라 불리며 한 남자의 반려자로 틀이 완전히 잡혀버린 내 고등학교 동창 S를 생각하면 난 언제라도 마음이 편안해진다. 우리가 처음 만난 이후로 적지 않은 시간이 흘렀건만 내게 그는 늘 비슷한 자리에서 날 바라보는 것 같다. 치열하게 다투어 본 적도, 살갑게 붙어 앉아 내밀한 이야기로 밤을 지새운 기억 같은 것도 없으니 어찌 보면 다소 싱거운 관계일지도 모르는데 어려운 일이나 기쁜 일이 생겼을 때 먼저 생각나는 사람이 그인 걸 보면 우리가 많이 가까운 관계임에는 틀림이 없는 거다.

야누스의 두 얼굴이 부족할 정도로 사람은 누구나 여러 모습을 자기 안에 지니고 있다. 그것은 처하는 자리나

만나는 사람에 따라 그 다양한 모습 중의 일면이 강하게 노출되는 식으로 증명된다. 같은 사람이라도 천차만별의 개성을 지니는 법이니까 어떤 이는 항상 똑같은 모양으로 처신하는 경우도 있을 테고, 어떤 경우는 지나치게 다중적인 폼새를 자랑하는 쪽도 있겠지만 보통의 사람이라면 몇 가지 패턴의 자기표현을 하며 살지 않을까.

내 경우 몇 가지 패턴을 나누어 보자면 우선 종으로는 내가 일하는 동네의 윗사람을 만날 때, 동료를 마주할 때, 후배나 제자들을 대할 때 조금씩 다른 경향이 나온다. 윗사람에겐 예의 바르게 처신해야 한다는 종래의 학습에 충실하여 내 나름대로는 깍듯하게 윗사람에 대한 예의를 지키려는 편이다. 그렇다 해도 때마다 뭘 들고 찾아가 인사하고 문안을 살피는 살가움을 지니지는 못해서 혹 상대로부터 예의 없다는 진단을 받고 있을지도 모른다. 게다가 꼭 해야 하는 말은 어른들에게라도 해야 한다는 – 물론 정중함을 기초로 – 이황선생님이나 기대승선생님 같은 선배들의 가르침도 있고 하니 후배로써 따를 수밖에. 그러고 보면 그다지 예쁜 아랫사람은 아닐지도 모르겠단 생각이 들기도 한다. 반면 후배나 제자들에겐 따뜻한 이미지가 없지 않은 것 같다. 어린 사람들에겐 좀 약해지는 구석이 있는 걸까. 그들에겐 일단 강하게 뭘 요구하는 게 어려우니까. 동료들에겐 긴장관계로 이해되는 경우나 편한 사이로 대하는 경우가 반반쯤 존재하는 것 같다.

횡으로 친구들의 사귐을 봐도 좀 다른 면면이 보인다. 가까이 만나는 친구들의 숫자가 그리 많다고 할 순 없지만 그래도 사람마다 조금씩 다른 내가 보인다. 많이 이야기 하면서 분위기를 띄우려 한다거나, 특별행사를 주도하는 쪽이거나, 조용히 바라보는 걸 택한다거나 하는 식으로. 따져보니 내가 참으로 다양한 모양으로 사람들과 관계하고 있다는 걸 알겠다. 그러나 그 각각이 내 안에 있는 것들이고 그것들 모두가 나를 이루는 부분일 터이다.

내 이야기를 조용히 들어 주고 "그래…그렇겠지…잘 해 봐!"라고 믿어주는 S는 자기가 가진 여러 모습 중의 하나를 내게 드러내는 것일지 모른다. 어쨌거나 그런 친구는 내게 참으로 힘이 되는 사람이다. 내게도 그런 면이 있다면 누구에겐가 힘이 되는 사람이 될 수 있을 텐데. 그에게 힘을 주는 데에는 많은 말이 필요하지 않은 것이다. 텅 빈 속에서 바람을 내도록 하는 풀무처럼, 빈 마음으로 상대가 바람을 낼 수 있도록 지켜주면 최상이니까.

제5장

천지는 인자하지 않아서
만물을 짚강아지처럼 여기고
성인은 인자하지 않아서
백성을 짚강아지처럼 여긴다.
하늘과 땅 사이는 풀무와 같지 않은가!
텅 비어 있지만 꺾이지 않고
움직일수록 더 큰 소리를 낸다.
말이 많으면 자주 막히니 중을 지키는 것만 못하다.

여섯,
우리가 엄마를 그리워하는 이유

天地根 : 세상의 뿌리

적당히 고요한 환경에서 가만히 '엄마'하고 낮은 소리로 부를 수 있다면 난 언제든지 그윽한 감상에 빠질 수가 있으며 눈물 몇 방울 어렵지 않게 내 놓을 수 있다. 그저 포근하고 따뜻하다. 온갖 투정을 계산 없이 쏟아놓을 수 있는 사람. 나를 자랑스럽게 여겨주는 사람. 이 세상에서 날 최고로 사랑해 주는 사람. 지금 이 세상에 계시지 않아서 더 그리운 사람.

누구라도 자기 엄마를 그리워하지 않을 수 없는 이유 몇 가지쯤 쉽게 나열할 수 있을 것이다. 부성이나 모성을 만들어지는 것으로 이해한다 쳐도 자기 부모에 대한 특별함은 예외가 없을 것이다. 자신의 부모를 부정적이거나 상처로 이해하는 사람일지라도 그건 자신과 특별한 관계에 있는 이들이기에 더 그럴 수 있지 않을까.

일반적으로 어머니나 아버지가 되는 건 결혼을 전제로 실현되는 일이다. 결혼이란 자기들 2세의 부모가 될 것을 전제로 하는 약속이다. 적어도 지금까진 그렇게 이해되어 왔다. 그런데 이젠 그런 이해에 다소의 수정이 필요할지도 모르겠다. 한 자녀도 부담스러워 이젠 아이를 갖지 않으려는 부부들도 늘어가는 추세라지 않던가.

그도 그럴 것이 대한민국에서 한 아이를 키운다는 것은 상상을 초월한 경제적 부담을 요구받는 일이기도 하니 누군들 그걸 두려워하지 않을 수 있겠는가. 부부가 모두 일을 가진 경우라면 탁아문제로부터 시작해서 취학 전에 이미 활발하게 시작되는 사교육의 현장에 이르기까지 모두 돈을 요구하는 과정들이다. 이런저런 이유로 그런 일반적인 풍토를 벗어나지 못하며 답습해갈 수밖에 없는 것이 우리들의 현주소다. 그럴 바엔 아예 무자식 상팔자를 택한다? 출산율 세계 최저를 걱정하는 목소리는 작지 않지만 그렇다고 아이 양육의 상당 부분을 국가가 책임지겠다는 식의 획기적 정책이 나온 것도 아닌데다 개인들의 경제사정은 좀처럼 나아질 기미가 없으니 그런 선택을 딱히 이해 못할 일도 아니다.

내가 이미 신세대가 아니어서일까. 내 엄마가 만약 다양한 학원의 학습을 권유하고 영어 학습을 위한 해외 연수를 경험하게 해주며 대학의 학점을 관리해 주는 식의 사랑만을 내게 주었다면 오늘처럼 깊은 맘으로 엄마를 그리워할 수 있었을까? 단지 결핍된 생활의 어떤 부분에 대한 요구처로 엄마를 이용했을지도 모를 일이다.

부성이나 모성이 만들어지는 것이든 선천적인 경향이든 중요한 것은 한 인격의 고향으로서 부모의 그릇을 지니는 일이다. 한 인간이 처음으로 맺는 인간관계에서 사랑이나 관계의 원형을 제대로 배울 수 있도록 넉넉한 품을 보여주는 것 말이다. 때로는 따끔하게 종아리를 칠 수도 있고 어느 때는 한없는 너그러움으로 품어주며 기다려 줄 수 있는 사람.

딱히 엄마가 아니라도 어머니의 품성을 지닌 사람이라면 그가 남자거나 여자이이거나 간에 진정으로 누군가를 잘 사랑할 수 있을 것이다. 노자는 어머니적 품성의 특징은 수용성에 있다고 말한다. 화려하지 않아서 금방 눈에 띄지는 않지만 잘 보듬어 줄 수 있으니 그건 세상의 뿌리와도 같이 사람을 자라게 하는 자양이 된다는 것이다.

누굴 사랑하는 일이 참으로 어렵다고 느끼는 사람들이 한 번쯤 돌아 볼만한 이야기가 아닐까. 엄마처럼 그를 자랑스럽게 여겨줄 수 있고 그래서 힘을 내어 자신의 길을 걸을 수 있도록 배려할 수 있는 사랑. 그런 사랑 받고픈 가을날이다.

제6장

골짜기의 신은 죽지 않으니
이를 현묘한 암컷이라 한다.
현묘한 암컷의 문은
천지의 뿌리라고 하는데
끊임없이 이어져있지만
있는 듯 없는 듯 하고
쓰더라도 지치지 않는다.

일곱,
부자를 꿈꾸는 이를 위한 주문

天長地久 : 하늘은 길고 땅은 오래가니!

'천장지구'라, 왠지 낯설지 않은 문구 아닌가. 그가 영화를 좋아하는 이라면 1990년의 젊은 유덕화를 볼 수 있는 홍콩 영화의 제목으로 기억될 테니까. 나이가 어릴수록 웬 금기가 그리도 많았던지 구십년도 초반 나의 금기 목록에는 홍콩영화는 안 본다는 항목도 들어 있었더랬다. 왠지 천박한 상업주의에 흠뻑 젖어있는 것과 허무맹랑한 무협 화면들이 영 입맛에 맞지 않았던 것 같다. 그래서 〈천장지구〉는 내가 볼 수 없는 영화였더랬다. 그래도 그 제목만은 뚜렷이 기억하는 것이 그게 『도덕경』 원문에 나오는 멋진 문구가 아니던가.

하늘은 길고, 땅은 오래간다! 노자의 의견을 빌리면 천지가 장구히 버틸 수 있는 이유는 그 스스로가 살고자 하는 급급함에서 벗어나 있기 때문이란다. 급급함에서 벗어나는 길이 살길이라는 말이다.

노자나 공자를 막론하고 인간 사유의 꼭대기를 경험한 사람들의 공통점은 이들이 누구보다 인간에 대한 이해와 통찰을 현실적으로 그것도 성공적으로 해 내었다는 점이다. 그러기에 그들에겐 보통 사람인 나의 마음을 감출 도리가 없다. 그런 통찰을 무기로 이야기를 이끌어 가니까 삶의 철학이 될 수 있는 것이다. 한 치의 오차도 없는 보통 사람의 실질에서 이야기를 꺼내기 때문에 이들의 논의는 도저히 허무한 것이 될 수가 없다. 말 그대로 생생한 삶의 보고서인 것이다.

좋은 학벌을 갖기 위해 급급해 하고, 좋은 직장 때문에 급급하며, 잘 나가는 짝을 만나기 위해 급급하고, 든든한 친구를 만나려 급급해 하며, 부자가 되는 일에 급급한 내 현 존재의 실질을 똑바로 보게 한다. 급급하다는 것은 가지고 싶은데 손쉽게 내 것이 되어주지 못하는 그것들에 대해 마음을 졸이며 안달하는 모양이다. 온통 부자가 되어야만 한다는 슬로건들 앞에서 부자가 아닌 대부분의 우리는 여전히 급급한 맘을 놓을 수가 없다.

그런 보통의 우리를 향해 노자가 날리는 한 마디. 급급해 하면 가질 것도 놓치는 법. 그것을 소유할 수 있는 길은 한 발 물러서서 사태를 관망하는 여유와 함께 올 수 있단 말씀. 마치 천지가 장구하게 생명을 유지하는 것처럼.

　노자의 방법을 따르면 분명 부자가 된다는 말인데, 결국 이것도 하나의 방법일 뿐이다. 그러니 다른 많은 방법들을 사용할 때처럼 용케 성공할 수 있는 개연성을 지닐 뿐 백 프로 성공보장을 장담할 순 없는 일이다. 그러나 혹 원하는 바를 쟁취하지 못하더라도 인간으로서의 자존을 지킬 수 있는 정도는 얻을 수 있으니 어떻겠느냐는 노자의 은근한 제안처럼 들린다. 그러니까 꼭 부자가 아니어도 행복할 수 있는 법을 발견하는 길이라고나 할까. 그 정도엔 올인할 수 있다는 제안 말이다.

제7장

하늘은 길고 땅은 오래 가니
천지가 길고 오래갈 수 있는 것은
그 스스로 살고자 하지 않기 때문이다.
그러므로 오래도록 살 수 있다.
그래서 성인은
자신의 몸을 뒤로 하지만 앞서게 되고
자신을 버려두어도 간직되는데
그것은 사사로움이 없기 때문이 아닌가?
그럼으로써 결국 그 사사로움까지 이룰 수 있는 것이다.

여덟,
멋지게 세련된 사람

上善若水 : 최고의 선은 물과 같다.

머리부터 발끝까지 명품으로 치장하였으니 왠 만한 사람 일년 벌이를 걸친 격인데 어찌되었든 그게 썩 잘 어울리는데다가 몇 개의 외국어쯤은 모국어 비슷하게 구사할 줄 알고 각 계의 새로운 경향에 대해 줄줄이 꾀고 있는 사람을 누구라고 우러러 모시지 않을 수 있을까. 참 세련된 사람이라 칭송해마지 않을 수 없는 일이다. 그렇다고 해도 딱히 그를 질투해서는 아니겠지만 내가 참으로 멋진 사람이라 말하고픈 사람은 따로 있다. 달리 말하면 내가 '그렇게 살 수 있었음!' 하고 바라는 모델이기도 하다.

명품이든 시장제품이건 간에 자기에게 꼭 어울리게 입어서 자기를 돋보이는 감각이 살아있는 사람. 그래서 화려하진 않더라도 눈에 띄는 실루엣 창출이 가능한 사람. 다른 사람과 어울릴 때에는 전체적인 흐름을 읽을 수 있어서 적절한 때에 딱 그거라고 할 수 있는 말이나 유머를 날려주는 재치를 지닌 사람. 그래서 혼자 있는 경우와 다른 사람과 어울리는 장면은 엄연히 다른 상황임을 파악하는 사람. 이거 말은 쉽지만 여럿 속에서 독불장군 아니기는 생각보다 어려운 일이다. 굳이 자기를 드러내고자 안달하지 않아도 누구나 그를 주목하게 만들 수 있는 사람. 참으로 멋지지 않은가!

박식해도 많이 아는 것이 거추장스럽거나 누추해 보이는 사람이 있고, 비싼 옷을 잘 입어도 화려하기만 하고 심지어 천박해 보이기까지 하는 이도 있다. 그가 아무리 잘 나가는 프로필을 갖고 있다 해도 별스러워 보이지 않는 사람들은 참으로 어리석다. 조금만 생각을 바꾸고 행동을 달리한다면 누구에게라도 최상의 대접을 받을 수 있는 조건을 갖추었음에도 불구하고 그 화려한 이력을 구겨버리는 지경에 이르다니.

노자는 물이 최고의 덕을 상징한다고 말했다. 그러니까 멋지고 세련되었다는 평가를 받고 싶으면 물처럼 행동해 보라는 노자의 주장이다. 물은 부드러운 것 같지만 돌을 뚫을 수 있는 강함을 지니며, 만물을 이롭게 해주는 기능을 하면서도 잘난 체하지 않는다. 물은 쉼 없이 흐르고 흐르며 그리하여 지속함의 미덕을 몸으로 보인다.

우리는 누구라도 자신을 과시하고픈 욕구를 가지고 있다. 화장을 하고 각종 자격시험도 보고 좋은 차와 멋진 집을 자기 소유로 하려는 밑바닥엔 자기과시욕이라는 동기가 들어있다. 그리고 자기를 잘 치장하는 일은 권장사항이지 금기가 아니다. 단지 진정 멋지다는 평가를 받기 위해선 우선 자기에게 잘 어울리는 패턴을 파악할 일이다. 억지춘향 격의 치장은 바라는 바 목적에 완전 반대되는 효과를 초래할 수 있기 때문이다. 자기 자신에게 딱 맞게 어울리는 옷이라야 남에게도 좋게 보이는 법이다.
　물처럼 자연스럽고 무리 없이 삶을 일구어 갈 수 있다면 그보다 더 멋지고 세련될 수 없는 경지에 이를 것이 분명하겠건만…… 난 오늘도 물처럼 살고프다는 염원 한 자락 드리우며 생수통을 쭈욱 들이킨다.

제8장

최고의 선은 물과 같으니
물은 만물을 이롭게 해주면서도 다투지 않고
사람들이 싫어하는 곳에 처한다.
그러므로 도에 가깝다.
거하는 곳은 땅을 좋아하고,
마음은 깊은 것을 좋아하며
함께할 때에는 인자한 것을 좋아하고,
말할 때에는 믿음을 좋아하며
바로잡을 때에는 다스려지는 것을 좋아하고,
일할 때에는 능력을 좋아하며
움직일 때에는 때에 맞추는 것을 좋아한다.
오직 다투지 않으므로 허물이 없다.

아홉,
<부에나 비스타 소셜 클럽>의 매력

持而盈之 : 가지고 있으면서 더 채우려 하다.

이천 년대 초반에 소개되었던 빔 벤더슨 감독의 〈부에나 비스타 소셜 클럽〉을 보고 난 뒤 난 한동안 쿠바 음악에 푸욱 빠져서 지냈었다. 씨네큐브에서 단독 상영했던 영화를 세 번 봤으니 완전 반했다는 표현이 딱 맞는다. 일 년 정도 사이에 아마도 내가 소장한 그들의 음반들은 제대로 마모되었을 것이다. 아직도 가끔 딱 그들의 음악이 고픈 때가 있다. 며칠 뒤 같은 극장에서 재상영한다는 정보가 있던데 다시 한 번 볼까 생각중이다.

이 영화는 유명한 기타리스트 라이 쿠더가 쿠바 각지에 흩어져 제각각의 생업에 종사하던 뮤지션 출신의 '역전의 노장'들을 찾아내어 밴드를 조직하고 그들의 음악을 세계적으로 알리는 과정을 다큐멘터리 형식으로 보여

준다. 내게는 음악도 음악이지만 백발이 성성한 연주자들에게서 누구에게도 지지 않을 음악에 대한 열정을 발견한 것이 참으로 인상적이었다. 나이가 어리다 해서 누구나 청년이라 할 수는 없지 않던가. 몸은 늙었지만 청년의 의식을 지닌 이들이야말로 진짜배기 청년인 것이다.

그들이 연주하는 곡들의 가사는 천상 한 편의 시다. 담담하게 인생과 사랑과 세월을 관조하는 노래들이다. 리듬도 지나칠 정도로 과격하게 치고 올라가거나 기복이 심하거나 하지 않고 잔잔하게 흐르면서 클라이막스까지 편하게 따라갈 수 있도록 해 준다. 한마디로 무리하지 않으면서도 사람의 감정을 흔들었다 다시 제자리로 놓아주는 참으로 친절한 음악들이다.

물리적 세월의 흐름은 막을 수 없어서 밴드 멤버의 한 분 한 분이 저 세상으로 갔다는 뉴스가 전해지더니 올해는 중심 보컬이었던 이브라함 페레까지 떠나갔고 한 사람 남은 여성 보컬리스트 오마라 포르투온도도 70대 중반을 넘기는 나이라니 세월의 무상함에 예외가 있겠는가. 이브라함 페레와 아름다운 화음으로 '20년 후'를 노래했던 오마라가 서울 공연을 위해 11월 서울을 찾는다니 환영!일 따름이다.

이들의 음악이 나를 포함한 많은 사람들을 빠져들게 한 동력은 아마도 지나치지 않음의 미학 덕분이 아닐까.

더 많은 쿠바 음악을 접해보지 못했으니 이들이 그 나라의 음악을 대표한다고 할 수 있는 건지 자신 있게 말할 수는 없다. 그러나 적어도 그들을 통해 알려진 쿠바음악은 잘 숙성된 열정을 전혀 거짓을 의심하지 않도록 만드는 진솔한 창법으로 전달한다. 이들이 자신들에 열광하는 청중을 의식하고 자칫 오버하는 연주를 했더라면 난 그들을 이렇듯 사랑하지 못했을 것이다. 가지고 있으면서도 더 가지려 하면 차고 넘치는 법이니 차고 넘치면 부족했을 때보다 못하지 않던가.

그들은 자신들의 누추했던 일상을 부끄러워하지 않았고, 오히려 그런 삶의 과정들이 과장되거나 왜곡되지 않은 채 음악에 수용되는 장면들 때문에 난 눈물을 흘리지 않을 수 없었다. 세계적 주목을 받으면서도 자신들의 색을 지키고자 했던 노장 연주인들의 고집이 오늘 다시 그립다. 아무래도 난 그 영활 다시 한 번 보게 될 것 같다.

제9장

갖고 있으면서도 더 채우려는 것은
그만두는 것만 못하고
단련하여 뾰족하게 다듬으면
오래 보존할 수 없다.
금과 옥이 집에 가득 차면
그것을 지킬 수가 없고
부귀하다고 교만하면
스스로 허물을 남기게 되니
공을 이루면
자신은 그 자리에서 물러나는 것이
하늘의 도이다.

열,
거울과 같은 사람

玄覽 : 현묘한 거울

난 하루에 몇 번이나 거울을 볼까. 마음먹고 세어 본 적은 없지만 아무리 낮추어 잡아도 10번 보다 적지 않을 것이고 보통 그 이상 거울에 날 비춰보지 않을까. 내가 최소한의 숫자로 잡은 수보다 적은 정도로 거울보기에 인색한 이가 있는 반면 수효를 헤아리기 귀찮을 정도로 거울을 끼고 사는 사람도 없지 않다. 동화 속의 욕심 많은 왕비가 아니더라도 거울을 보며 스스로 만족하는 부분이 없지 않을 것이지만 다른 한편으로는 가리거나 숨기고픈 부분도 살짝 존재할 것이다. 여하튼 우리는 거울에 자신을 비추어 보면서 매무새를 바로잡기도 하고 때론 거울에 반영된 자신을 향해 독백과 같은 한마디를 던지며 자기암시나 다짐을 하기도 한다. 거울보기는 나를 아끼는 행위인 동시인 타인을 위한 배려이기도 할 것이다. 그런 점에서 남에게 폐를 끼치지 않은 한에서의 거울 보기는 권장사항이 아닐 수 없다.

지나치게 거울 보는 일에 인색한 이는 고집 센 독불장군식 사고의 소유자이거나 센스가 부족한 사람이기 십상이고, 그 반대의 경우는 조급증이나 불안증세와 친할 확률이 높다. 일상의 작은 문제 하나하나가 모두 인생의 척도로 기여할 수 있다는 게 재밌고도 두렵다. 화장실에 부착된 거울이나 손거울과 같은 물리적 거울만이 아니라 사람 중에도 그것과 같은 역할을 하는 이가 있다. 그를 보면 자기 매무새를 살피거나 스스로 어떤 다짐을 하도록 만드는 그런 사람 말이다.

예컨대 얼마 전 고인이 되신 『혼자만 잘살면 무슨 재민겨』를 쓰신 전우익 선생 같은 분의 글이나 삶을 읽으면 난 스스럼없는 나의 살림살이의 매무새를 쓸어내리며 한동안은 착하게 지내려고 애써 볼 수 있다. 단번에 개과천선해 버릴 수도 없는 일이지만 만약 그렇다면 이 세상살이가 너무 간단해질까봐 그렇게는 안 되도록 하는 장치라도 있는 것일까. 좋은 사람을 보고 좋은 생각을 할 수 있는 약효가 지속되는 데에는 유통기한 같은 게 존재한다. 그래서 완전히 모두 다 좋은 사람들만 모여서 좋은 생각들을 나누며 좋은 세상을 만들어 간다는 것은 머리

속으로만 가능한 일일지도 모른다.

그래도 화장실에 간 김에 잘못된 화장을 고치는 것처럼, 어떤 사람이나 상황을 통해 잠시라도 자신을 돌아 볼 수 있는 일이 가능하다면 너무 많이 흐트러진 모양새로 다른 사람과 대면하는 일은 없을 것이고, 스스로를 실망시키는 일도 다소 줄어들지 모른다. 내 삶의 제동장치로써의 거울보기는 괜찮은 방법이 아닐까. 너무 자주 보아서 이도 저도 아닌 조급함만 쌓아간다든지 너무 무심해서 우물 안 개구리형 인간이 되기보다는 적절한 때에 한 번씩 보아주면서 적당히 매너 있고 세련된 폼새를 갖출 수 있는 센스 챙기기. 딱히 훌륭한 인물로 떠오른 위인이 아니라도 일상에서 만나는 주변 사람들을 통해 긍정적거나 부정적인 면을 포함한 다양한 면들을 발견하고 그것들을 다시 내 안에서 반추해 보는 것이면 특별한 수고가 필요하지도 않으니 편리함까지 갖춘 격이네.

동양의 성인들이 논하는 도라는 물건도 결국은 일상을 벗어나 있는 것이 아니다. 그러니까 사소한 내 일상 안에서 뭔가 좋을 걸 찾아가는 길이 결국은 도 닦는 길이고 잘 사는 길로 나아가는 일인 거다.

제10장

일상의 거처에서 근본이 되는 하나를 잘 품어서
떨어지지 않도록 할 수 있는가!
기운을 하나로 모으고 부드럽게 하여
어린 아기와 같도록 할 수 있는가!
현묘한 거울의 때를 깨끗이 닦아
얼룩이 없도록 할 수 있는가!
백성을 사랑하고 나라를 다스리는 것에
잘못된 지식을 사용하지 않을 수 있는가!
하늘의 문이 열리고 닫히는데
암컷과 같이 할 수 있는가!
명백히 알아 사방으로 통달하면서도
무위할 수 있는가!
낳아주고 길러주는데
낳지만 소유하지 않고, 일을 도모하지만 자랑하지 않으며
길러주지만 마음대로 하지 않는 것
이것을 현묘한 덕이라 한다.

열하나,
〈화양연화〉의 미학

當其無 : 그 무가 있음으로써.(유용함을 이룰 수 있다)

왕가위 감독 영화의 냉소적 표현이나 세련된 영상을 대체로 좋아하지만 그의 영화 중 최고는 단연 〈화양연화〉다. 2000년에 개봉되었던 영화니 벌써 5년 전의 화면들인데 리춘(장만옥)의 치파오가 보여준 강렬한 색감과 그 실루엣의 섹시함이 여전히 눈에 선하다. 영화는 1960년대 홍콩의 한 아파트에 이웃해서 살게 된 리춘과 차우(양조위)의 묘한 러브스토리가 줄기를 이룬다. 결혼 상태에 있는 두 사람이 각자 파트너들의 외도를 눈치 채면서 쓸쓸함을 느끼게 되는 동시에 그런 서로에게 관심을 가지게 되고 가까워진다. 그러다 서로의 배우자가 내연의 관계에 있음을 알아채면서 둘의 감정이 한층 더 복잡하게 얽혀든다. 그렇다 해서 이 두 사람을 연대하게 하고 결국

묶어버린다는 식의 스토리는 물론 아니다.

동기야 어찌되었든 둘이는 사랑하게 되는데 그걸 알려 주는 건 고백을 한다는 등의 구체적 표현이 아니었다. 스치며 지나는 분위기들, 그러니까 좁은 복도에서 옷깃을 스치며 지나는 순간의 긴장감이나 방 안에 있는 사람이 상대편의 문 여는 소리에 자극을 받는 식의 떨림과 같은 표현이 이 둘의 자글자글 끓어대는 감정을 너무 환하게 보여주는 것이다. 잠깐 침묵이 흐르는 그야말로 순간의 시간이 주는 긴장감을 고스란히 드러내 주었던 것 같다.

어찌 보면 서로 사랑하는 걸 확인했으면 빨리 손잡고 입 맞추고 안아버릴 일이지 저리 숨 막히는 장면이 다 뭐야. 답답할 노릇일 수 있는 화면들이다. 뭐 솔직하고 화끈한 러브스토리의 매력도 알지만 더 은근하고 오래 가는 건 역시 다 드러내지 않는 식의 방법이지 싶다. 내가 상상하도록 만드는 장치, 다음 단계를 예상하고 있는데 절대 급하게 거기로 넘어가지 않고 그 과정의 미세한 순간들을 스치지 않고 주목하게 만드는 데에서 오는 재미. 저들이 사랑하지 않고는 절대 저런 몸짓과 말과 순간을 만들어낼 수 없다고 믿게 하는 구도.

그것이 사랑이든 다른 무엇이든 살다보면 밖으로 발산해 내는 일 보다는 한껏 퍼트렸던 감상을 수렴하거나 그 중심을 찾아내는 일이 생각보다 어렵다는 걸 알게 된다. 원기 왕성하게 뭔가를 진행하는 일도 간단한 일은 아니지만 한참 열을 내서 그 길을 가다 보면 이게 무엇을 위한 작업이었던가를 잊고 그 끝에 매달려있기 십상이다. 멋진 그릇을 만드는 일의 핵심은 외장을 잘 꾸미는 것도 있지만 중요한 것은 그 가운데를 비워서 그 안에 음식을 담는 기능을 잊지 않는 것이라고 했던 노자의 말처럼 꽉꽉 다 채워버려 애초에 그릇을 만들고자 했다가 엉뚱한 결과에 직면하게 된다면 망연자실할 일 아닌가.

남자와 여자가 사랑을 할 때에도 너무 다 드러내놓고 일방통행으로 달리다가 이게 도통 뭐하는 게임인지를 망각하는 지경(?)에 이르기보다 순간의 생각과 감정들을 소중히 생각하고 또 사랑이 무엇인지 - 예컨대 상대를 소모하게 하자는 건지, 윈윈하자는 건지를 잊지 않는 여지를 두는 편이 훨씬 아름다운 일이 아닐까. 사랑한다는 일이 분명 간단한 일은 아니겠군!

제11장

서른 개의 바퀴살이 하나의 수레통에 모이는데
바퀴통 속이 비었으니
수레로서의 쓰임이 있다.
흙을 이겨서 그릇을 만드는데
그 속이 비었으니
그릇으로서의 쓰임이 있다.
창문을 뚫어 방을 만드는데
방 안이 비었으니
방으로서의 쓰임이 있다.
그러므로 있는 것이 이로운 것은
없는 것이 쓰임이 되기 때문이다.

열둘,
'폐인' 증후군

五色令人盲目 : 온갖 아름다운 색은 사람의 눈을 멀게 한다.

언제부턴가 내게는 한국의 모든 드라마 제작자들에게 감사하는 맘을 견지한 채 새로운 드라마를 기다리고 그 중 깊이 빠지는 작품까지 생기는 증세가 생겼다. 이런 증세를 보인지는 그리 오래되지 않았지만 왜 이런 재미를 진작부터 알지 못했나 스스로 안타까워할 정도이다. 나보다 한술 더 뜨는 사람들이 한 둘이 아닌 모양이어서 드라마 제목 밑에 '폐인'이라는 접미사를 달고 거기에 빠져서 폐인 지경에 이르렀음을 스스로 선언하는 이들까지 생겼으니 다른 말이 필요 없을 정도이다. 병이나 못된 버릇 따위로 몸을 망친 사람이라는 사전적 의미를 들이대지 않더라도 폐인이 주는 뉘앙스는 그리 상쾌하지 못하다.

주로 잡기적인 분야에 속하겠지만 게임이라든지 오락

의 장르에다 '폐인'자를 갖다 대며 자신이 거기에 몰입했음을 표현하는 방식이 더 이상 새롭지 않은 일상적 표현이 되었다. 나아가 폐인을 자처하는 한두 가지 정도의 장르가 있어야 할 정도로 뭔가에 빠지는 현상도 유행을 타는 건가 싶다.

실은 사랑에 푸욱 빠진 사람들은 그 사랑이 현실적으로 어떤 결실을 맺든 간에 그것이 스스로를 성장시킨다는 측면에서 삶의 자양을 얻는다. 몸을 망치는 지경에 이르기 보다는 아프더라도 상처를 다독일 수 있는 힘을 같이 얻는다고 할까? 그러니까 한곳에 빠진다는 일이 꼭 폐인으로 가는 길은 아니다. 그럼에도 불구하고 잘못된 사랑의 화신들이 벌이는 그 다양한 스토리들을 한두 번 봤어야 말이지. 사랑이란 이름으로 폐인의 길로 꿋꿋이 나아가는 사례들이 수도 없이 화면을 통해 우리에게 전달된다. 그런데 그것이 비단 화면 속에서만 존재하는 상황이 아니라서 나는 숨을 죽이며 화면 앞으로 다가가는 것일까.

돌아보면 폐인에 이르게 하는 것이 어디 사랑뿐이겠는가. 아침에 눈을 뜨고부터 잠들기까지 살아 움직이는 생활의 장에서 끊임없이 선전되는 수많은 상품들의 화려한 공략들에 비해 우리의 의지와 지갑은 턱 없이 부족하다. 갖고 싶고 하고 싶은 마음이 산더미인데 비해 그를 충족할 수 있는 조건의 빈약함. 그 거리가 주는 막막함이 굳이 석가모니의 법문을 빌리지 않더라도 충분히 나를 괴롭게 한다.

노자도 그런 인간의 보통 마음들을 이미 알고 있었던 게 분명하다. 그러니 우리의 왜곡된 욕심이 결국 자신의 오감을 마비시킬 것이라 경고하지 않았겠나. 노자도 참 깍쟁이다. 우리들의 마음을 너무 훤히 들여다보면서 그 이면의 무엇을 제안하는 고수가 아닌가! 너무 아름답고 좋아서 못내 갖고 싶은 것이지만 정당하게 소유하게 된 것이 아니라면 그것을 당당하게 내어 놓고 더 떳떳할 수 있는 의연한 자태! 그려보면 참으로 멋진 일이건만 이것이 현실의 내게 주어진 실제상황이라면 과연 그렇게 할 수 있을지는 미지수.

노자시대와 비교할 수 없을 정도로 우리를 현혹하는 것들이 많은 세상을 사는 우리가 스스로의 감각을 제대로 살리면서 산다는 일은 생각 보다 쉽진 않을 것 같다.

제12장

다섯 가지 좋은 색은 사람의 눈을 어둡게 하고
다섯 가지 좋은 소리는 사람의 귀를 멀게 하며
다섯 가지 좋은 맛은 사람의 입맛을 잃게 하고
말달리고 사냥하는 것은 사람의 마음을 미치게 하며
얻기 어려운 재화는 사람의 행동을 방자하게 한다.
그러므로 성인은
배를 위하지 눈을 위하지 않기 때문에
저것을 버리고 이것을 취한다.

열셋,
사랑의 유효기간

寵辱若驚 : 사랑을 받거나 욕을 당하거나 놀란 듯 대하라.

문득 봄에 대한 그리움에 쿨럭 기침을 한다. 도대체 아직 가을도 채 깊어지지 않은 날에 봄이라니, '내가 지금 많이 외롭군!' 생각한다. 우리는 시도 때도 없이 외로움을 타고 모호한 대상을 그리워한다. 그리고 그 구체적 대안 중에 가장 선명한 것이 다른 누군가와 사랑에 빠지는 일이 아닐까. 그러나 그걸 교통사고에 비교하는 것에서도 알 수 있듯이 사랑이 찾아온다는 일은 계획대로 실행되거나 일정한 방식에 따르는 일이 아니다. 어느 날 불현듯 거의 무방비 상태로 거기에 맞닥뜨리게 되는 것이다. 그럼에도 불구하고 누구나 한두 번쯤 그런 '사고'를 당하기 마련이다.

그렇게 사랑이 찾아오면 한동안 그들은 더 이상 봄을

그리워하는 일도 없으며 다른 어떤 일로부터 심한 상처를 받지 않을 수도 있다. 정신은 기분 좋을 정도의 공중부양 상태에다 가슴은 다소 뜨거운 기운을 내포하며 시선은 한곳에 고정인 상태에 머문다. 달콤한 달뜸의 증세들로 인해 밤잠을 설치고도 가뿐한 아침을 맞이할 수 있는 나날들이 그들을 둘러싼다. 왠지 한동안 꽁꽁 막혀서 골머리를 앓던 일들이 거짓말처럼 풀려버리는 신바람 체험도 불가능한 일이 아니다. 삶의 많은 부분이 잘 소통되는 주기를 만났으면 그건 다른 사람들의 눈을 속일 수 없는 일이라 좋아보인다는 칭찬을 자주 듣게 되고 그렇게 되면 한층 더 상승 곡선 위로 진입한다.

그러나 사람과 관계된 어떤 종류의 지수에도 상승곡선만 존재할 수는 없는 법. 빵이나 라면 같은 것에만 유통기한이 존재하는 것이 아니고 한 사람과 다른 사람이 서로 사랑하는 데에도 그 열렬한 감정이 유지되는 기간은 유한하며 그것도 그리 길지 않은 시간으로 한정되는 것이다. 아마 급하면 1년에서 길어도 3년이면 그 유효기한이 다한다고 했지? 혹자는 열에 들떠있는 동안 자각하지 못할 뿐 엄청난 에너지를 소비하기 때문에 그 이상 동일 상태가 지속된다는 건 환영할 일이 아니라는 주장을 펴기도 한다. 나름대로 설득력이 있는 주장 아닌가. 늦은 밤 방금 헤어져 돌아선 순간 다시 보고파서 발걸음을 돌리는 일을 어떻게 3년 이상 지속할 수가 있단 말인가.

열렬히 사랑하던 사람들 중에는 결혼이라는 형식을 취함으로써 공중부양에서 지상으로 안착하는 단계로 진입하는 경우도 있을테고, 사랑하기 때문에 헤어진다는 진부한 한마디를 사이에 두고 서로 다른 길을 택하기도 할 것이다. 여하튼 열렬했던 사랑의 기억은 그들의 신산한 일상을 지켜주는 거름이 될것인 바 유효기간이 다했다 해도 그저 사라져 버리는 법은 없을 것이니 그리 서글픈 일만은 아닐 듯.

문제는 지나가 버린 기억에 집착하는 일이다. 왜 달라져야 하는가를 문제로 삼아 결국 서로를 괴롭히는 상황이다. 변하지 않는 게 이상한 일인데 변한 것을 이상하다고 고집하는 편집증 같은 것은 우리의 건강한 애정 생활을 위해 반드시 치료해야 할 증세이다.

기막히는 일은 봄을 그리워하는 증상은 잠시 잊을 수는 있더라도 결국은 평생지고 가야할 지병이라는 엄연한 사실을 인정해야한 한다는 점이다.

제13장

사랑을 받거나 욕을 당하거나 놀란 듯이 대하고
큰 근심을 자기 몸처럼 귀하게 여겨라.
사랑을 받거나 욕을 당하거나 놀란 듯이 대하란 것은
무엇을 말하는가?
사랑은 하찮은 것이니
얻을 때도 놀라는 듯이 하고
잃을 때도 놀라는 듯이 하는 것이니
이것을 사랑을 받거나 욕을 당하거나 놀라듯이
대한다고 하는 것이다.
큰 근심을 자기 몸처럼 귀하게 여긴다는 것은 무엇을
말하는가?
내게 큰 근심이 있는 것은 내게 몸이 있기 때문이니
내게 몸이 없다면 무슨 근심이 있겠는가!
그러므로
몸을 천하와 같이 생각하여 귀하게 여기면 천하를 맡길 수 있고
몸을 천하와 같이 생각하여 아낀다면 천하를 의탁할 수 있다.

열넷,
블루 문

無狀之狀, 無物之象 : 형상이 없는 형상, 사물이 없는 상

10년만의 무더위가 한참 기승을 부리던 작년 여름이었다. 연일 30도를 훨씬 상회하는 기온에 가만히 앉아 있어도 주르륵 땀이 흐르는 날들이었다. 그 때 난 방금 어느 대학 임용심사의 낙방 소식에 생각이 복잡하던 터라 방안의 쾌적함을 위해 어떤 조치도 취하지 않은 채 흐르는 땀을 그저 바라보고만 있었던 것 같다. 내가 이런 게임에 언제까지 참여 할 수 있을까. 도대체 내가 이런 게임에 적당한 사람이기나 한 걸까. 이렇게 말간 자세로 그 복합적 게임의 도가니 곁을 서성이는 것이 너무 어리석은 일 아닐까. 시험에 낙방한 다음 자신의 실력이나 능력을 반성하는 게 아니라 게임의 법칙에 대해 회의하는 일이 참으로 우스운 일이지만 그건 내게 벌어진 엄연한 현실이었다.

너무 바빠서 시간 쪼개는 일이 누구보다 어려운 내 언니가 불현듯 내 방문을 열고 들어 왔을 때 난 의식 없는 시선을 컴퓨터 화면 어디쯤에 맞추고 있었을 것이다. 전혀 예상 밖의 인물이 내 방으로 들어오는 걸 보면서 '아, 내가 특이상황에 처해 있는 중이군!' 다시 확인한다. "바람 쐬러 나가자!" 언니가 말했고, '이 더위에 바람이 어디 있을 거라고' 속으로 생각하며 난 언니를 따라 나섰다. 언니의 차는 강변북로를 넘어 양수대교를 건너고 몇 개의 터널을 지나 양평 못미처 있는 어느 식당에 멈췄고 난 오랜만에 밥을 먹었을 것이다. 밖으로 물도 보이고 풀도 보이고 하는 식당에서.

차까지 마신 다음 우리는 홍천에 있는 언니의 시골집까지 더 차를 몰았다. 어스름 무렵에 들어간 집은 신기하게 한낮의 작열했을 햇살에도 불구하고 시원한 기운이 나는 중이었다. 언니는 숨도 돌리지 않고 밭에서 따온 옥수수 몇 개를 불 위에 얹는다. 난 스르르 입에 침이 고인다. 나무에서 방금 딴 옥수수의 맛은 쫄깃하고 적절히 달콤하며 거기에 싱싱한 맛까지 더해서 저작할 때의 즐거움에서부터 장난 아닌 맛이다. 이 맛은 방금 따서 그 자리에서 익히지 않는다면 만날 수 없는 맛이다. 벌써 난 내가 몇 시간 전까지 땀을 줄줄 흘리는 것도 자각하지 못하며 매달렸던 많은 문제들을 거의 잊어버릴 지경이다.

이처럼 단순한 사람이 또 있을까!

산골의 밤은 일찍 오는 법이고 난 어둠이 드리운 다음 검은 실루엣으로 자신들의 존재를 알리는 산의 선을 좋아한다. 참 아름답다. 언니가 과실주를 내오고(우리 집안은 유전적으로 술과 친할 수 없는 집단이라 이런 상황은 아주 기이한 상황에 속함) 우리가 술잔을 부딪칠 때 쯤 말 그대로 둥근 달이 떠오르기 시작했다. 별이 보이고도 한참이 더 지난 시간에. 양력 한 달 동안 보름달이 두 번 뜨면 그 달을 블루문이라 한다지? 바로 그 블루문이었다. 이제 기운은 서늘한 정도인데다 한 잔 과실주에 몸은 약간 따뜻해지고 달이 차오른다. 바로 그 때 온 동네의 개들이 짖기 시작하고 언제부턴지 우리 가까운 나무에 앉아 있었을 부엉이가 거짓말 보태지 않고 목이 터져라 운다. 겨울밤도 아닌 여름밤 블루문 아래서 부엉이는 애절하게 누군가를 부른다. 고요해야 할 시간의 시골동네가 완전 난리법석이다. 우리는 쟤네들 참 솔직하네, 말하며 웃는다.

순식간에 벌어진 일박 이일의 나의 소풍은 나의 일상을 잠시 잊게 해 주었고 지구와 우주의 순환은 엄연히 제 갈 길을 가고 있다는 사실을 기억하게 해 주었다. 다시 돌아 온 서울은 여전히 더웠고 불빛은 어제처럼 화려했는데 뭐 이런 것도 나쁘진 않다고 생각하며, 지난밤의 서늘했던 현실이 거짓말처럼 느껴졌다. 도심 안의 뜨거움도 현실이고 같은 시간 산골의 서늘함도 현실이며 불루문이 떠오르는 것도, 그 달 기운 땜에 목 놓아 울어야 하는 부엉이도 모두 현실이다. 그렇게 세상이 돌아가게 하는 거대한 흐름의 핵 같은 것을 사유하며 난 좀 넓게 이 세상과 만나야 할 것이라는 주문을 스스로에게 걸었을 것이다.

제14장

보아도 보이지 않으므로 그것을 '이'라 부르고,
들어도 들리지 않으니 그것을 '희'라 하며
잡아도 잡히지 않으므로 그것을 '미'라 부르는데
이 세 가지는 이유를 따져 물을 수 없으니
그 때문에 섞여서 하나가 된다.
그 위는 밝지 않고 그 아래라도 어둡지 않으며
끊임없이 이어지는데 이름붙일 수 없고
다시 아무 것도 없던 상태로 돌아가니
이것을 형상이 없는 형상이요, 사물이 없는 상이라 하며
이것을 일러서 황홀하다고 한다.
맞이해도 그 머리를 볼 수 없고
따라가도 그 뒤를 볼 수 없다.
옛날의 도를 잡고 오늘의 일을 다스리니
옛날의 시원을 알 수 있으며 이것을 도의 실마리라 한다.

열다섯,
그물에 걸리지 않는 바람처럼, 진흙에 더러워지지 않는 연꽃처럼!

以靜之徐淸 : 고요함으로써 서서히 맑게 하다.

"소리에 놀라지 않는 사자처럼, 그물에 걸리지 않는 바람처럼, 진흙에 더러워지지 않는 연꽃처럼, 무소의 뿔처럼 혼자서 가라."(『숫타니파타』71)

불교 초기 경전 『숫타니파타』는 촌천살인의 경구들로 가득 차 있다. 대체로 원형으로 돌아가 보면 화려한 수식과 거추장스런 형식들이 거세된 소박한 알맹이들이 넘실거린다. 불교도 예외가 아니라 다른 어떤 경전보다 이해하기 쉬운 법문들이 이 책에 들어있다. 노자가 기회만 되면 질박한 본원으로 돌아가라 했던 이유도 불필요한 수식을 다 걷어 낸 실제의 모습을 확인하고 거기에서부터 다시 문제를 바라본다면 해법도 간명하게 드러나기 때문이었을 것이다.

돌아보면 뭔가 일이 꼬이고 얽힌데다가 섥히기까지 해서 도저히 머리만 아프고 해결의 실마리가 찾아지지 않던 많은 경험들 중의 99%는 상황을 너무 복잡하게 만들었다는 데에 문제가 있었다. 사실 간단히 해결될 수 있는 일이었단 말이다. 그래서 성격 별난 사람들일수록 세상을 어렵게 살 확률이 높다. 다음 날 관계자를 만나서 솔직하게 의견을 나누고 악수 한번 하면 될 일을 가지고 온 밤 내내 머릿속 복잡하게 이렇게 저렇게 내가 할 대사와 그 때마다의 상대방 대응을 예상하고, 다시 맞받아 칠 나의 펀치의 강도를 고려해 보는 사이에 어느덧 동이 트고 아침이 다가온다. 그러면 불면의 밤을 보낸 피곤한 몸이니 당연히 좋지 않은 컨디션으로 문제의 장면과 다시 조우하게 될 것이고 어찌된 일인지 간밤의 그 다양했던 생각의 타래들은 자취를 감추고 하얗게 된 머릿속과 짜증스런 몸뚱이가 될 대로 되라 식의 행동을 초래한다? 그리되면 일은 한층 더 꼬이거나 실패로 끝나기 십상이다.

그렇다면 내일은 내일의 해가 뜰 것이라 생각했던 스칼렛 오하라식의 방법이 현명하지 않은가. 잘 쉬고 가뿐한 몸과 맘으로 다시 그 상황에 접하게 되면 어제의 대립이 아무것도 아닌 일이 되어버릴 수도 있고, 그래서 상쾌한 맺음이 가능할 수도 있는 일이니 말이다.

어려운 일을 당했을 때 그에 대처하는 좋은 방식 중의

하나는 문제를 단순화시키는 일, 원점에서 다시 시작해보는 것이다. 생각 보다 쉬운 해법이 있는데 원인을 뒤로 한 채 끝머리에서 맴돌다 결국 미궁에 빠져버리는 일이 생각 보다 흔하다. 그것이 자기에게 닥친 일일 때 남들에겐 일의 시작과 끝이 너무 분명히 보이는데 자기에겐 한 사코 암전인 경우가 얼마나 많던가. 그건 문제를 객관화시키고 그 시점에서 다시 시작하는 법을 밀쳐두고 당장 눈앞의 일에 흥분하거나 욕심을 버리지 못하는 집착에서 비롯되는 것이 아닐까. 급할수록 돌아가라는 속담도 바로 그런 어리석음을 경계하는 말이다. 워워! 우선 팔딱팔딱 하는 흥분을 진정시키고 조용히 돌아보는 거다.

제15장

옛날에 도를 잘 행한 사람은
미묘하고 그윽하게 통달했으니
그 깊이를 알 수 없었다.
오직 알 수 없었기 때문에 억지로 그를 형용하자면
머뭇거리기가 겨울 냇물 건너는 듯 하고
신중하기는 사방의 이웃을 두려워하는 것 같으며
엄숙하기가 손님과 같고
넉넉하기는 얼음이 풀어지는 듯 하며
믿음직 하기는 다듬지 않은 통나무와 같고
드넓기는 계곡과도 같으며
흐릿하기는 탁한 물과 비슷하다.
누가 능히 혼탁하면서도 고요함으로써 서서히 맑게 할 수 있는가?
누가 능히 편안하면서도 오래 동안 움직여서 서서히 살릴 수 있는가?
이 도를 간직하고 있는 사람은 가득 채우려고 하지 않으니
가득 채우지 않기 때문에 덮어 둘 뿐 새로 만들지 않는다.

열 여섯,
"나 다시 돌아 갈래!"

復歸其根 : 그 뿌리로 돌아간다.

멀리 기차 오는 소리마저 들이는 위태로운 철길 위에서 두 팔을 벌리고 다가오는 기차를 향해 "나 다시 돌아갈래"라고 절규하는 중년 남자의 외침이 참으로 인상적이었던 영화 〈박하사탕〉은 이렇게 쇼킹한 화면으로부터 시작된다. 아내에게는 이혼을 당하고 동업자에겐 배신을 당했으며 가지고 있던 돈은 주식투자로 날린 중년의 사내가 갈 길은 기차가 돌진해 오는 철길 위 였던 것이다. 그렇다고 이런 상황에 놓인 모든 이들이 자살하지는 않는다. 다만 이 영화는 자살하려는 남자의 현재 시점으로부터 시간을 거꾸로 돌려가며 20년 전 첫사랑의 여인 순임을 만나던 남자의 청년기까지를 보여주는데, 그 과정에서 관객은 그 남자가 급기야 자살을 선택하게된 사정에 공감 하는 동시에 잘못 끼워진 단추와도 같은 그 삶의 궤적을 안타깝게 바라보게 되는 것이다. 어디서부턴가는 다시 써 주고 싶을 정도로!

어떤 상황이든 구체적으로 그 일이 가시화된 데에는 원인이 있는 법이다. 인과의 법칙은 경험적으로 보아 사실이다. 엄격한 의미의 평지돌출은 없다고 해 두어도 무리한 단정은 아닐 것이다. 이런 걸 이해하는 것이 성장하는 게 아닌가 하는 생각도 든다. 그래서 나이가 들수록 사람이나 일에 대한 이해의 방식도 익어가는 것이겠지. 도무지 도저히 전혀 이해할 수 없는 일이 이 세상에 그리 많은 것 같진 않다. 물론 그런 이해에는 배려하는 자세든 애정이든 몇 가지 전제가 요구되기는 하지만.

오늘도 수 없이 많은 아이들이 엄마의 탯줄과 분리되면서 생명의 시작을 알릴 것이며 또 적지 않은 사람들이 이 세상의 삶을 마감하기도 할 것이다. 태어나고 죽는다는 것은 인간에게 주어진 절대 한계인 동시에 축복이며 고난의 길이기도 하다. 다양한 면을 지닌 장이 바로 삶이라는 무대가 아니겠는가. 나고 죽는다는 아주 간단한 틀 안에서 인간 개개인의 역사는 다양한 부침을 겪으며 구성되는 것이다. 나는 개인의 역사와 국가나 세계의 역사가 통하는 것으로 믿는다. 그러니 세계사나 국사를 역사적 관점에서 전체적으로 파악하는 관점이 필요한 것처럼 인간에 대한 이해에도 역사적인 관점이 들어가야 한다. 내가 한 사람을 사랑한다는 것은, 그의 현존재를 사랑한다는 것은 그의 과거와 미래까지 애정을 가지고 바라보겠다는 의식이 깔려있는 게 아닐까. 그렇게 되면 이해의 폭이 확대될 것이고 애정의 깊이도 더해질 수 있을 것이니 단편적인 어떤 문제로 쉽게 돌아선다거나 서로 상처를 남기고 할퀴는 상태를 고집하는 가능성도 줄어들 것이다. 원인을 알면 일의 상당 부분이 제대로 풀리지 않던가. 그 정도의 수고쯤은 기꺼이 감수해 줄 수 있어야 성숙한 사랑일테니까.

왜 그랬을까? 한 번 생각해 주는 여유. 건강한 나눔을 위해 필요한 지혜라고 노자가 막 귀뜸 해 주지 않는가!

제16장

허함에 이르기를 지극히 하고
고요함 지키기를 돈독히 하라.
만물이 함께 일어남에
나는 그들이 되돌아감을 보니
저 만물은 무성하지만 결국 각기 그 뿌리로 돌아간다.
뿌리로 돌아가는 것을 고요함이라 하니
이를 일러서 명을 회복한다고 하고
명을 회복하는 것을 항상된 이치라 한다.
항상된 이치를 아는 것을 밝다고 하는데
항상된 이치를 알지 못하면 망령되게 흉함을 저지르게 된다.
항상된 이치를 알면 너그러워지고
너그러워지면 공정하게 되며
공정하면 곧 왕이 되고
왕이 되면 곧 하늘과 같게 되며
하늘과 같게 되면 곧 도를 얻고
도를 얻으면 오래갈 수 있으니
죽을 때까지 위태롭지 않다.

열일곱,
친근한 리더

親而譽之 : 친근하고 자랑스럽게 여기다.

최근엔 각 대학의 사회교육 프로그램이나 학부의 정규 교양과목에서부터 각종 문화센터의 교양 강좌에 이르기까지 리더십을 강의하는 강좌가 많이 개설되고 있다. 모둠 생활을 하는 인간에게 있어 조직을 잘 굴러가게 하는 동력으로서의 리더는 중요한 자리이다. 그건 예나 지금이나 변함이 없는 일인 것 같다. 다만 이전 시대로 갈수록 그 동력을 리더의 탁월한 통치력에 의지하는 면이 강했다면 앞으로 시간이 나아갈수록 리더의 역할은 축소되고 조직원의 역량이 강조되는 경향이 두드러진다. 대학이나 문화센터 리더십 강좌의 구체적 강의 내용을 알 수는 없지만 구태를 벗어난 새 시대의 리더상을 구축하자는 입장으로 이야기들을 하고 있지 않을까.

여고괴담류의 학교배경 성장영화에서 냉소적으로 표현했던 것처럼 우리의 선생님들 중에는 기억하고 싶지 않은 끔찍한 캐릭터들이 있었다. 선생님의 권위는 그 이름만으로 부여되는 게 아니라 그 이름에 걸맞는 능력이나 인격이 동반되었을 때 자연스럽게 만들어진다. 그럼에도 불구하고 이름을 얻으면 그 권위까지 저절로 가지는 것으로 착각하는데다가 한 술 더 떠서 권위와 권력을 등치시켜 버린 다음 폭력적인 행동을 일삼기까지 하는 선생님답지 않은 교사들이 실재했다. 여전히 학교 현장을 고발하는 장면에서 교사들의 문제가 없어지지 않는 것을 보면 그게 과거에 한정되는 문제만은 아닌 모양이다.

그런데 이것은 딱히 선생님만이 아니라 한 모둠을 이끌어가는 자리에 있는 많은 사람들에게 예외 없이 적용할 수 있는 문제일 듯하다. 세상이 바뀌어 사람들의 인식도 변화되고 개별인자의 능력도 고양되었다지만 여전히 조직 생활을 선택한 경우에는 그 집단의 합리적이고 효과적인 항행을 위해 리더가 필요하다. 어떤 때는 지적으로 가장 우수하고 통솔력까지 겸비하는 것이 전형적인 리더의 조건이었다. 그러나 이제는 바뀐 시대만큼 달라진 리더상이 요구된다. 조직을 잘 이끌어가기 위해 필요한 존재인 리더의 필수조건은 조직원들의 성향을 잘 이해하는 일이다. 지금의 사람들은 한 사람의 구호에 따라

일렬로 서는 것에는 익숙하지 않는 성향이 강해서 이해되지 않으면 움직임에 대한 동기 부여가 되지 않는다. 강압 보다는 설득이 필요하고 나아가 조직원과의 동화가 더 중요한 리더의 덕목이라는 말이다.

청바지 차림으로 학생들과 스타크래프트 매치에 열중하는 교수의 모습을 광고 화면에 넣는 이면에는 새로운 시대의 리더상을 상징하는 메시지가 들어있다. 정당한 권위는 정장의 넥타이 꼭지에서 만들어지는 것이 아니라 이해하고 배려하는 사유와 합리적 결정으로 생산되는 덕목이다. 우리가 다 아는 사실을 지금 리더 자리에 있는 사람들만 제대로 파악하지 못하는 건 아닐지.

제17장

가장 좋은 임금은
백성들이 그가 있다는 것만을 아는 것이고
그 다음은
백성들이 그를 친근하고 자랑스럽게 여기는 것이며
그 다음은
백성들이 그를 두려워하는 것이고
그 다음은
백성들이 그를 업신여기는 것이다.
미더움이 부족하므로 불신이 생기는 것이다.
조심스럽게 그 말을 귀하게 생각하니
공을 이루고 일이 되는 것을
백성들은 모두 자기가 스스로 그렇게 한 것이라 말한다.

열여덟,
넷티켓

大道廢, 有仁義 : 대도가 사라지자 인의가 생겼다.

미니홈피 열풍이 시작된 지 2년 정도 되었을까. 이제 많은 사람들이 이 공간을 이용해서 자기를 알리고 스스로의 생활을 정리하며 타인들과 교류한다. 홈피지기들은 핸드폰 통화나 문자와는 다른 재미가 있는 방명록이나 게시판을 통해 지인들과 대화한다. 핸드폰 보다 덜 즉흥적이면서도 거의 실시간 소통이 가능한 편리함까지 갖춘 것이 이 공간을 통한 교류의 매력이 아닐까. 방문객이 뜸한 나로서도 사이트에 접속하면 우선 미니홈피 상황에 눈이 가는 걸 보면 열심분자들이 홀릭 상황에 빠질 가능성은 매우 높을 것이다.

인터넷이 일반에 보급되던 초창기인 90년대 후반-실은 이렇게 확장된 온라인상에서 소통하는 것이 일상이

된 역사는 그리 길지 않다- 에는 주로 몇몇 통신사의 회원이 되어 클럽을 만들고 같은 동아리에 모인 사람끼리 채팅하는 것 정도가 유행이었더랬다. 그러다가 종합적 서비스를 제공하는 포털사이트들이 생겨나고 제공받을 수 있는 서비스의 내용이 확장되면서 인터넷에서 정보를 얻고 오락을 즐기는 내용도 한층 다양해졌으며 그에 비례하여 네티즌의 숫자도 기하급수적으로 늘었다. 블로그나 미니홈피도 그 과정의 산물이고 나아가 네티즌들의 의견이 사회 여론 형성의 주요한 부분으로 등장하기에 이르렀다.

이제 인터넷은 가장 유력한 대중매체의 하나로 우리 사회에 정착했다. 신속한 전파의 측면에서는 이미 공중파 방송을 능가 할 위력을 가지지 않았을까. 우리는 이제 인터넷 전용선만 확보할 수 있다면 어떤 산간벽지에 칩거하더라도 중앙의 소식을 곧바로 접할 수 있다. 이슈가 되는 문제가 생기면 그것을 알리는 기사 아래 자신의 의견을 덧붙이는 댓글이 전 지역에서 우후죽순 격으로 뜬다. 많은 사람들의 의견을 실시간으로 접수할 수 있으니 참 신기한 세상이 되어버린 것이다. 그런데 일단 익명성이 보장된다는 것을 빌미로 허무맹랑한 의견을 올리는 경우도 만만치 않게 보이는데, 또 그런 잘못된 행태를 꼬집는 의견도 그에 못지않게 속속 올라오니 실로 그 피드

백의 속도에 놀라울 따름이다. 네티즌들은 온라인 상의 에티켓인 넷티켓을 지키자는 캠페인을 자발적으로 진행하기도 한다. 십년 전만 해도 존재하지 않았던 문제와 단어가 이젠 아주 중요한 사회 문제로 이해되고 있다.

몇 년 전 퇴계 이황을 기념하는 학술회의에 갔다가 내 선배의 친구인 카이스트의 교수(동명의 드라마 속 교수의 모델이었다는)와 따로 동석할 기회가 있었다. 그 때 그분의 한 마디가 참 인상적이었다. 지금 기억하는 대강의 요지는, 자신이 미워하는 것은 기술이라는 이름으로 인간의 이름을 덮어버리는 부도덕함이라 했던 것 같다. 예컨대 어떤 사이트에 익명으로 글을 올리더라도 기술적으로 소급해 보면 글을 올린 사람의 신분을 밝힐 수 있단다. 그런데 기술적으로 완전한 익명성을 보장하도록 하는 프로그램을 만들려는 시도가 실제로 있었고 자신은 그에 반대하며 그런 학생들의 평가를 낮게 할 수 밖에 없었다고 했다. 지금 상황이 어떻게 변했는지 자세한 사정은 알 수 없지만 아무리 최첨단의 매체에 환호한다 하더라도 그것이 인간에 의한, 인간을 위한 도구인 점을 잊는다면 주객전도와 다른 말이 아닐 것이다.

제18장

큰 도가 없어지니 인의가 생겨났고
지혜가 나타나서 큰 거짓도 생겼다.
육친이 화목하지 못하므로 효와 자애가 생겼고
국가가 혼란하여 충신이 생겼다.

열아홉,
그 터만 남았지만

見素抱樸 : 바탕을 드러내고 통나무를 껴안다.

밤 열차로 남원에 도착한 이른 아침, 짙은 안개가 물기를 뿌리고 있었고 방금 어둠이 걷힌 여름의 시골 마을엔 서늘함마저 감도는 아련함이 있었다. 그렇게 찾아 간 만복사지. 널찍한 터에 뿌연 안개가 서려 이른 새벽 공기와 함께 더 없이 신비하였다. 수 년 전 주자사상연구회 여름 답사로 남원지역을 돌았던 때였다. 그 때 장대비 속에 찾았던 실상사도 너무 좋았고 곳곳마다 다 아름다워서 밤 열차의 강행군을 불평할 틈도 없었는데 그 중 만복사지가 백미였던지라 이후로도 문득 그 새벽의 감상이 기억되곤 하였다. 아무 것도 남아있지 않은 자리가 그렇게 인상적일 수 있다니. 햇볕 쨍쨍 내리쬐는 대낮이 아니었기에 더 그랬을까. 아무래도 '지址'를 답사하는 시간은 새벽이나 어스름할 때가 적격이지 싶다.

석탑이나 불상 등 다소의 유물이 남아있지만, 어쨌든 절의 흔적은 사라진 곳인데도 역설적이게 그 거창한 불당이나 예쁜 요사채가 둘러 선 어느 절집 보다 웅장한 느낌을 주었다. '만복사저포기'의 주인공 양생이 심혈을 기울였을 저포 던지기며 끝내 배필을 만나지 못하고 사라져 버렸다는 서글픈 이야기조차 아른거리고 말이다. 뒤에 유홍준씨가 쓴 『문화유산답사기』에서 터를 답사하는 것이 고급한 답사라 말한 것에 바로 공감할 수 있었던 것도 그 여름 안개 낀 새벽의 만복사지 때문이었다.

생각해 보면, 다 드러나서 더 이상 나의 개입이 불가한 쪽 보다 상상 속에서 직접 만들어 볼 수 있는 쪽이 훨씬 풍요한 감성을 만들어 준다. 다양한 방식으로 생각해 볼 수 있으니 풍부해질 수밖에 없지 않은가. 사람의 미모도 그 비슷한 구석이 있는 것 같다. 머리에서 발끝까지 너무 완벽한 꾸밈과 마무리에 더 이상 내 손이 갈 여지가 없는 완벽한 성장 보다 다소 소박하다는 느낌이 들 정도의 자연스러움을 컨셉으로 한 쪽이 보는 이의 상상력을 자극한다거나 여유를 준다거나 하는 식의 더 많은 미덕을 가진다.

요즈음 첨단의 토탈패션에서도 자연스러움을 강조하는 트렌디가 강세라나. 꼭 유행이어서가 아니라 노자식

미학에 공감하는 이라면 선택할 만한 방식이 아닐지. 유행을 좇는 방식이 아닌 내 나름의 미학에 근거해서 찾은 방식이라면 더 훌륭하겠고.

제19장

성스러움을 끊고 꾀를 버리면
백성의 이익이 백배가 되고
인을 끊고 의를 버리면
사람들이 효와 자애로움을 회복하며
기교를 끊고 이익을 버리면
도적이 생기지 않는다.
이 세 가지는 예법으로 삼기 부족하기 때문에
덧붙이는 말을 두도록 하였으니
바탕을 드러내고 통나무를 껴안을 것이며
사사로움을 적게 하고 욕심을 줄여라.

스물,
참으로 시원한 자아발견 스토리

我獨若遺 : 나만 유독 버려진 것 같다.

핸드폰의 두 번째 알람 음악을 들으며 억지로 눈을 비비고 어기적거리며 침대를 빠져 나오는 순간은 만나기 싫은 장면의 순위가 있다면 틀림없이 다섯 손가락 안에 들 것이다. 첫 번째 음악으로 자리를 털고 일어났다면 간단한 요기라고 할 수 있었을 텐데 초치기로 준비 끝내고 집을 나서는 발걸음에 아쉬움이 한 가득이다. 난 왜 그들처럼 새벽 운동 후의 샤워와 따듯한 커피를 곁에 둔 아침식사를 못하는 것인가!

완전 딱 걸린 러시아워의 4호선 전철. 도저히 더 이상 탈 수 없을 공간의 전동차가 역사로 들어오는데 얼핏 눈으로 세어도 열 명은 족히 넘을 사람들이 나와 같은 입구를 향해 돌진할 태세로 눈에 힘을 주고 있다. 이걸 놓치면 끝장이라는 각오가 그 눈에 들어있다. 매번 느끼는 것이지만 인간에게 불가능이란 없다는 경구는 나폴레옹의 어록이 아닌 러시아워 끝물의 전철역에서 확실히 배운다. 아무리 좁혀서라도 한 두 사람 더 들어갈 정도의 공간에 얼핏 헤아려 열 명은 족히 될 사람들이 몇 초 만에 자신의 몸을 싣는데 성공한다. 내겐 어쩌자고 가격도 연비도 친절하다는 그 흔한 경차 하나 없는 것이며, 심지어 몇 분 더 일찍 일어나는 부지런함까지도 내 것이 아니던가! 정말 꿀꿀한 아침이다.

흐트러진 옷매무새로 지각 라인과 함께 뛰어 들어간 사무실, 내 옆자리의 그는 어느새 커피 잔 옆에 두고 오늘의 업무를 정리라도 하고 있는 걸까. 그 와중에도 참 우아하다는 생각이 스친다. 고등학교 때 내신 성적이 나보다 한 참 아래일 게 분명하고 출신 대학도 나보다 한 단계 밑인 그를 두고 나보다 못하다고 평가하는 사람은 이 직장 안 어디에도 없을 것이다. 나까지 인정하는 걸 보면 확실하다. 난 왜 그와 같이 친절한 경제력을 가진 부모가 없는 것이며 잘 짜여 진 하루 스케줄이 가능한 안락한 생활이 존재하지 않는가!

퇴근 전 기획회의. 지난 일주일 간 매진했던 새 상품 홍보를 위한 전략을 내 놓아야 하는 시간이다. 우리 팀 누구라도 팀장의 눈에 드는 참신한 전략을 제안하기 위해 고심했고, 나 역시 예외가 아니었다. 그런데 집안도 좋고 다리까지 긴 S의 프리젠테이션이 시작되면서 난 전의를 잃고 만다. 난 어쩌자고 아이디어도 빈약한데다가 컴퓨터 활용 능력까지 한심한 거지?

파김치가 된 몸으로 어렵사리 성사된 소개팅 자리로 향하는 내 꼴이 스스로 생각해도 처참하다. 오늘도 그리 좋은 예감은 아닌데다가 오늘따라 내 다리는 왜 이리 짧아 보이는 걸까.

참으로 많은 세월을 보내고 귀향하는 듯한 느낌으로 집으로 돌아가는 밤길. 문득 선선한 가을바람이 피부에 부드럽게 와 닿는다. 바람의 향방을 살피려는 듯이 시선이 옮겨가다가 문득 올려다 본 하늘. 아 내 머리 위에 하늘이 있었고, 별조차 반짝이고 있었군! 우주 안의 한 존재로서의 내 존재감이 세삼 다가온다.

필요 이상의 비교의식으로 내 안의 진짜 아름다운 '그것'까지 잊고 살았던 건 아닐까. 난 좀 더 나를 사랑해야 할 것 같다. 창에 비친 내 다리가 다소 짧아 보이기는 해도 전체적으로 아담한 분위기가 그리 나빠 보이진 않는다. 그리고 잠시 내 입가에 미소라도 스쳤을까.

제20장

배움을 끊으면 근심이 없을 것이다.
공손함과 불경함의 거리는 얼마나 될까.
착함과 악함의 차이는 얼마나 될까.
다른 이가 두려워하는 것은 두려워하지 않을 수 없다.
아득 하구나 끝이 없도다!
사람들은 좋아라 하며 큰 잔치를 즐기는 것 같고
봄날 누대에 오른 듯한데 나 홀로 덤덤하게 드러나지 않으니
마치 어린 아기가 아직 웃을 줄 모르는 것 같고
고달파서 돌아 갈 곳이 없는 듯하다.
뭇 사람들은 다 여유가 있는데 나만 유독 버려진 것 같다.
나는 어리석은 이의 마음이구나!
흐릿하구나!
사람들은 다 밝은데, 나만 유독 어둡고
사람들은 다 살피고 따지지만
나만 홀로 어리숙하다.
고요함이여 마치 바다와 같고
강하게 몰아침이 그침이 없는 듯하다.
사람들은 모두 쓰임이 있는데
나만 홀로 무디고 어리석구나.
나는 홀로 사람들과 달라서 먹여주는 어머니를 귀하게 여긴다.

스물하나,
통하였느냐?

其靜甚眞, 其中有信 : 그 정수는 매우 참되고 그 가운데에 진실이 있다.

조선시대 배경의 남여상열지사를 다룬 영화 〈스캔들〉이 개봉된 건 2003년 가을이었으니 꼭 2년 전의 영화인데 아직도 단아한 풍경이나 소박하면서도 세련된 장신구등을 소개하던 영상이 비교적 생생하게 기억된다. 나는 그 예쁜 그림들을 한국 영화가 아니면 담아내지 못할 장면이라는 생각을 하면서 보았던 것 같다. 그런 바탕이 있어서인지 조씨부인과 그 사촌 동생 조원 그리고 정절녀 숙부인 세 사람의 사랑게임을 스토리 라인으로 깔고 있는 영화가 스토리 자체는 진부했을지라도 상영시간 내내 즐거웠더랬다. 배용준이 안경을 벗고 나온데다가 사극이니 당연히 뜰 수 없을 거라는 예상을 뒤엎고 흥행에서도 좋은 성적을 내었으니 재밌게 본 사람이 나만은 아니었던 모양이다. 이 영화의 메인 카피는 기발하게도 '통하였느냐?'였다. 이것은 짧은 어구지만 다의적 중층적 해석을 가능하게 하는 문구인지라 아마 영화 흥행 이상의 유행을 탔을 것이다.

서로 통한다는 것은 에로틱한 상상을 접어두고라도 참으로 고소한 표현이다. 인간이 무엇인가의 대상을 향해 혹은 타자를 향해 움직인다는 것의 궁극적 목적은 소통이 아니던가. 아무리 좋은 아이디어일지라도 이해되지 못하고 그래서 두루 통할 수 없는 것이라면 관계 안에서의 존재 의의를 상실한다. 질이 조금 떨어지더라도 많은 이들에게 공감을 줄 수 있는 것이 살아남는 법이다.

모든 갈등이 해소되고 시원한 결말을 맞이했다는 것은 서로 이해되고 그래서 두루 소통되었음을 의미한다. 소통의 전제는 이해이다. 이해해야 설득할 수 있고 설득이 된 다음에 소통될 수 있으니 말이다. 무턱대고 들이대는 식의 방법은 부러뜨리거나 왜곡하는 것만 가능할 뿐이다. 진실은 통한다고 했던가. 물이 스며드는 것처럼 공기가 퍼져있는 것처럼 무리하지 않고 상대의 호흡을 고려하면서 다가가는 방식은 조금 오래 걸리더라도 진정을 장악할 수 있는 길이다. 그런데도 너나 할 것 없이 내 손톱 밑의 가시가 더 아픈지라 상대의 호흡을 배려하기

보다 나의 어려운 사정을 토로하는 일이 더 익숙하다. 그러니 사람이 어리석다는 말이겠지.

한 발 떨어져서 사태를 관망하는 일이 멀리까지 갈 수 있는 방식이라는 걸 자꾸 잊어버린다. 내 손톱 밑의 가시가 너무 아파서 말이다. 그러면서 내 아픔을 외면하는 그들을 향해 징징댄다. "나 마이 아파!"

노력 없는 보상은 우주 어디에도 존재하지 않는다. 내가 그의 아픔을 살펴보려 하고 그의 진정을 엿보고자 했을 때 상대도 나의 진실을 만져주려 할 것이다. 그래서 서로의 저 안쪽에 깃들어 있는 솔직한 면면을 들여다 볼 수 있을 때에야 비로소 우리가 통하였노라고 선언할 수 있는 것이다.

제21장

큰 덕의 모습은 오직 도만을 따른다.
도라는 것은
있는 듯 없는 듯 황홀하다.
황홀한데 그 속에 상이 있고
황홀한데 그 속에 사물이 있으며
그윽하고 깊숙한데 그 속에 정수가 있다.
그 정수는 매우 참되며 그 속에 진실이 있으니
예로부터 지금에 이르기까지 그 이름이 사라지지 않았다.
이것으로써 만물의 시작을 살펴보니
내가 어떻게 만물이 시작하는 모습을 알 수 있겠는가?
이것 때문이다.

스물들,
친절함에 대한 다중적 기준?

誠全而歸之 : 진정으로 온전하게 돌아간다.

상황을 잘 살펴서 이 사람이 얼마만큼의 영양가를 지닌 인물인가를 재빨리 달아 본 다음 머리를 굽히는 각도를 조절한다. 첨예하게 민감한 동물적 감각이 이후 자신의 출세 가도에 지대한 영향을 줄 것을 믿어 의심치 않는다. 딱 봐서 자신의 오늘과 앞날에 유의미한 어떤 동기도 줄 수 없는 존재들은 가차 없이 눌러버려도 좋다. 세상은 넓고 할일은 많은 관계로. 상황 판단은 빠르면 빠를수록 유리하다.

나 같이 둔하고 곧이 곧대로인 사람은 도저히 넘볼 수 없는 세계가 내가 사는 세상의 중심에 떠억 버티고 있다는 것 정도는 알고 있지만 아무리 그래도 참으로 세상은 요지경 속이다. 그 흐름에 타지 못하고 세상이 요지경이라 혀를 차는 자는 잘 먹고 잘 살 수 있는 길의 많은 부분을 포기한 것쯤으로 치부하면 스스로가 편할 터.

엊그제 모 대학의 행정실 직원과 한 교수를 만날 일이 있었다. 행정적인 일 처리를 위해 잠시 만났던 사람들이고 이전에 한 번도 마주친 일이 없었으며 앞으로 다시 만날 가능성도 없는 사람들이긴 했다. 그들에게 나는 대학의 시간강사 신분에 있는 자 이상도 이하도 아니었을 것이다. 5분도 채 안 되는 잠시 동안의 일이었지만 너무 무성의한 자세로 일관했던 교직원과 내게 미안한 일을 했음에도 미안하지 않았던 그 교수를 보면서 그 요지경 속을 다시 한 번 뇌일 수밖에 없었다. 내 신분이 좀 달랐어도 그들이 내게 그렇게 대할 수 있었을까?

가능하면 공개적으로 실컷 욕이라도 해 주고 싶었던 다급한 마음을 부인할 수 없다. 희노애락 감정 중 가장 누르기 힘든 것이 노함이라는데 화가 나면 뭔 말인들 못 할 것인가. 권력에 줄서고 힘에 아부하는 전형적 인간들, 강자에게 한 없이 비굴하고 약자에게 비정한 인간 말종들 어쩌구 하면서 말이다. 그럼에도 불구하고 난 일기장에다 '아 나는 친절한 은수가 되어야지' 라는 착한 다짐 한 자락 드리우며 욕하는 걸 일단 접어두기로 했다. 하하!

돌아보면 껍데기만 보고 덥석 샀다가 낭패를 본 물건

들이 한 둘이 아니건만 사람을 만나면서도 드러난 프로필만으로 내 멋대로 판단했던 일이 없지 않았을 것이다. 무심했던 나의 태도 때문에 상처 받았을 사람도 혹 있지 않을까. 영화 〈너는 내 운명〉의 전도연이 사랑을 믿기 전까지 버릇처럼 하던말 "진정?"은 사람에 대한 불신에서 비롯된 버릇이었을 것 같다. 내 기억에 그녀가 영화 속 황정민과 사랑에 빠진 이후로는 한 번도 그 말을 쓰지 않았다. 자꾸 속다보면 진짜도 사이비로 보이는 법이고 그래서 늑대소년의 이야기도 생긴 것 아닌가. 사람이 자꾸 속임을 당하는 건 옳지 않은 상대 때문 일수도 있지만 많은 경우는 껍데기 안에 있는 실질을 이해하지 못하는 자신에게 그 원인이 있는 것 같다.

모든 수식을 걷어내고 남은 그것. 소박한 진실로 오롯이 다가오는 그것. 굳이 스스로를 드러내고자 하지 않아도 절로 영원할 수 있는 그것. 노자는 그런 것을 들여다보라고 날 채근한다. '껍데기는 가라!'

제22장

굽히면 온전해지고
구부리면 곧아지며
패이면 채워지고
해지면 새로워지며
적으면 얻게 되고, 많으면 미혹된다.
그래서 성인은 하나를 품고서 천하의 법칙을 삼는다.
스스로 드러내지 않으므로 밝고
스스로 옳다고 하지 않으므로 드러나며
스스로 자랑하지 않으므로 공이 있고
스스로 뽐내지 않으므로 오래간다.
오직 다투지 않으므로 세상에 그와 다툴 사람이 없으니
옛날에 굽히면 온전해진다고 했던 말이 어찌
헛말이겠는가!
진정으로 온전하게 돌아가는 것이다.

스물셋,

유유상동類類相從 · 근묵자흑近墨者黑

從事於道, 同於道 : 도를 따르는 자는 도에 동화된다.

가야 할 때를 아는 이의 뒷모습은 아름답다고 했다. 사람의 뒷모습은 애써 꾸며서 되는 영역이 아닌 것 같다. 다양한 방법으로 꾸밀 수 있는 앞모습과 달리 사람의 뒤태는 비교적 솔직하게 그 사람의 진면목을 반영한다고 할까? 스스로 기꺼이 무거운 짐을 지고자 하는 아버지의 뒷모습, 생활고에 찌든 어머니의 뒷모습, 대입준비에 절어있는 고3 수험생의 뒷모습, 방금 새 직장에 출근하는 새내기 직장인의 뒷모습.

퇴장할 때의 뒷모습이 출발할 때의 앞모양과 비교해서 다소 쓸쓸함을 동반하는 것이 일반적이긴 하다. 그러나 자기가 물러나야 할 시점을 파악하고 욕심을 꽉 채우기 전에 돌아서 가는 노장의 뒷모습은 참으로 든든할 것이고 그래서 아름답다고 표현 하는 게 아닐까. 여하튼 마무리할 때 아름다운 사람이 되었으면 좋겠다는 생각은 나이가 들어 갈수록 자연스럽게 드는 바람이기도 하다.

   사람의 생각이나 행동에는 자신이 처한 환경의 영향이 매우 밀접하게 반영된다. 그러니까 모두가 옳다고 할 때 혼자 아니라고 말할 수 있는 건 말처럼 쉬운 일이 아니다. 고기를 굽기 시작할 때 심각하게 풍기던 냄새는 한 점 두 점 익은 고기를 먹어가면서 어디론가 흡수되어 버리고 언제부터인가는 고기 냄새가 꽉 찬 환경에 완전히 동화되어 버린다. 맛난 고기가 있을 뿐이다. 식사를 마치고 고기 집을 나서서 전철에 탄 다음 옆 사람들의 불쾌한 시선 때문에 내 몸에 잔뜩 배어있는 고기 냄새를 다시 확인하기 전까진 말이다. 좋은 향기도 마찬가지다. 처음 인상적이던 향기도 어느 시점부터는 인식되지 않는 경지로 간다. 그 향기가 사라지는 것이 아니라 내가 거기에 익숙해져버리는 것이다. 훈습薰習된다는 말은 향기가 익숙하게 스며드는 것처럼 익히게 되는 걸 말하지 않던가.

   학교에 입학하면 졸업하는 때가 있고, 어떤 기획이 시작되면 마무리해야 할 때가 있다. 일월이 있고 십이월이 있어서 한 해를 단위로 세월을 쌓아가는 것처럼 인생사 전반이 하나를 시작했다가 끝내는 과정의 반복이 아닌가. 태어나고 죽는다는 커다란 틀 안에서 말이다. 내 소망 중의 하나는 뒷모습이 아름다운 사람이 되고 싶다는 것이다. 보기 좋은 뒷모습이 꼭 게임에서의 승리만을 의미하진 않는다. 물론 이기는 게임이면 더 없이 행복하겠지만, 만약 수치로는 졌더라도 내가 그 과정에 솔직하게 정정당당하게 임했음을 인정할 수 있다면 최선이었다고 스스로에게 말해 줄 수 있을 것이다.

뒷모습 관리에 신경을 쓰는 선배들 동료들 후배들 틈에서 살 수 있다면 나의 소망은 한층 수월하게 이루어질 수 있을 것이다. 나처럼 약한 인간은 주변 분위기에 쉽게 좌우되니 말이다. '뒤태를 생각하는 사람들의 모임'이라도 시작해야 할까?

제23장

말은 적은 것이 자연스럽다.
그래서 사나운 바람은 아침을 넘기지 못하고
퍼붓는 소나기는 하루를 다하지 못한다.
누가 이렇게 하는 것인가?
천지다.
천지도 오히려 오래갈 수 없거늘
하물며 사람에게 있어서랴!
그러므로 도를 따르는 자는 도에 동화되고
덕 있는 사람은 덕에 동화되며
잘못된 사람은 잘못된 데에 동화된다.
도와 동화되려는 자는 도도 기꺼이 그를 받아들이고
덕에 동화되려는 자는 덕도 기꺼이 그를 받아들이며
잘못된 데에 동화되려는 자는 잘못된 것이 기꺼이 그를
받아들인다.
믿음이 부족하여 불신이 생긴다.

스물넷,
마라톤 예찬

跨者不行 : 지나치게 보폭을 넓히면 갈 수 없다.

재즈댄스, 오금희五禽戱, 요가. 최근 3년 동안 내가 줄곧 하고 있는 운동이다. 웰빙이 선전되면서 음식이나 운동 문화를 광고하고 상품화하는 분위기가 팽배해 있다. 그 시장이 그렇게 넓다고 하니 우리나라 국민들이 먹고 사는 살림이 한층 넉넉해졌다는 것으로 기뻐해야 할까. 그런 점도 있고 또 다른 측면의 분석도 가능하겠지만 더 깊숙한 논의는 잠시 미뤄두기로 하자. 여하튼 굳이 그런 유행 때문은 아니었고 몸 가는데 맘 간다는 평소 지론을 굳게 신뢰하는데다 그리 튼튼하지 못한 체력을 걱정하는 마음 때문에 난 운동을 꾸준히 하는 편이다. 요즘은 누구라도 한 가지 정도 자기 취향에 맞는 운동을 하는 것 같다. 이는 앞서 말한 사회적 유행 풍조에 따른 것일 수도 있지만 한편으로는 삶의 질을 고려하는 분위기가 높아졌기 때문이기도 할 것이다. 문화 체험의 다양화라는 면으로든 국민건강의 측면에서든 반가운 일이다.

달리기는 아마도 가장 많은 사람들이 즐기는 운동일 것이다. 주로 가볍게 조깅을 하는 사람들이 대다수일 것이지만 달리기에 꽂힌 이들이 좀 더 욕심을 내서 마라톤으로 영역을 넓히는 경우도 적지 않다. 자전거를 타고 한강변에 조성된 자전거 도로를 달리면 바람이 몸에 닿고 주변 풍경들이 눈에 담기며 속도감까지 덤으로 얻는 상쾌함을 누릴 수 있다. 이번엔 자전거를 놓고 두 다리를 땅에 내리고 달려보면 자연과 일체가 되는 기분까지 더해서 다가올 것이다. 물론 자기 몸이 온전히 동력이 되어야 하므로 힘이 드는 것은 감수해야할 것이고.

그래서인지 날이 갈수록 마라톤 동호인들의 수가 늘어간다고 한다. 마라톤이 좋은 이유는 첫째 전신운동으로서 심폐 지구력과 전신근력을 향상시키고, 둘째 에너지 소비량이 많아 체지방 감소에 효과적이며, 셋째 수준에 맞는 운동량 조절이 가능하고, 넷째 러닝 하이Running high라는 극적인 기분을 만날 수 있는데다가, 다섯째 혈액순환이 좋아 성인병을 예방할 수 있고, 여섯째 성취감·자신감을 강화시킨다는 것이다. 40Km를 달리는 완주 코스 이외에 5Km·10Km·20Km 등 다양한 코스를 목표로 할 수 있다. 아직 마라톤에 입문하지 못했기에 뭐 더 이상의 깊은 이야기를 할 수는 없지만 페이스 조절이 마라톤의 관건이라는 정도의 지식은 알고 있다. 초반 중반 종반에 어울리는 적절한 속도를 유지하며 달리는 일이 기술적인 부분에서 중요할 것이다. 초반에 너무 많은 힘을 소모해서 더 이상 달릴 수 없는 경우도 있을 것이고 초반 스피드 조절에 너무 민감하게 반응해서 필요 이상으로 기록이 늘어져버리는 일도 있을 것이다.

그러고 보면 마라톤은 사람들의 삶과 참 많이 닮아 있는 것 같다. 마라톤 이상으로 페이스 조절이 필요한 것이 삶인데 그게 그렇게 간단히 해결되어 주질 못해서 얼마나 많은 시행착오의 쓴맛을 보아야 하는가 말이다. 생각해 보면 페이스 조절 실패의 주원인은 욕심이라는 물건이다. 좀 더 빨리 이루어보겠다고 힘껏 보폭을 넓히는 순간 '아! 이게 아닌데'하면서 넓혀진 가랑이를 주체하지 못하고 그 자리에 낙하하는 것이다. 어쩌자고 두 번 째 발걸음을 채 내딛지도 못하도록 보폭을 넓히는가 말이다. 다음번에는 가능한 최대한의 보폭을 넘기지는 않으리라 마음을 다잡아 보지만, 문제는 내 보폭을 스스로 확대해석하는 데에 있다. 이 걸림돌을 넘어서야 제대로 먼 길을 갈 수 있 터인데 말이다!

제24장

뒤꿈치를 들면 제대로 서 있을 수 없고
지나치게 보폭을 넓히면 갈 수 없으며
스스로 드러내고자 하는 자는 밝지 못하고
스스로 옳다고 하는 이는 드러나지 않으며
스스로 자랑하는 이는 공이 없고
스스로 뽐내는 자는 오래 갈 수 없으니
도에 있어서 말하면 그런 것들은
먹다 남은 음식이요 군더더기 행동이다.
사람들이 그것을 미워하므로
도를 아는 이는 그렇게 행동하지 않는다.

스물다섯,
누구세요?

人法地, 道法自然 : 사람은 땅을 본받고 도는 자연을 본받는다.

남의 떡이 커 보인다는 속담은 내가 가지지 못한 것에 대한 미련을 솔직하게 반영한 말이다. 인간의 불행이 거기서부터 생긴다는 말도 일리가 있다. 나는 가지지 못했는데 다른 사람은 지니고 있는 것들에 대한 집착으로 내게 있는 소중한 것을 놓쳐버리고 급급해하는 마음. 아, 나는 불행하다! 인생이 고해임을 설명하는 불교의 고론苦論은 참으로 미시적으로 인간들의 불행한 세계관을 지적하고 있다. 8고론만 보더라도 얼마나 인간의 실상을 적나라하게 표현하고 있는지 절로 고개를 주억거리게 된다. 태어남의 괴로움, 늙어가는 괴로움, 병드는 괴로움, 죽는 괴로움, 미워하지만 같이 살아야하는 괴로움, 사랑하지만 헤어져야하는 괴로움, 나를 이루는 다섯 가지 요소(색·

수·상·행·식)가 서로 갈등하는 데서 오는 괴로움, 가지고자 하지만 얻을 수 없는 괴로움(求不得苦). 죽도록 갖고 싶은데 죽자고 내게로 와 주지 않는 것들에 대한 갈증을 몇 마디 말로 다 표현할 수 있겠는가.

자아를 의식하기 시작하던 어린시절부터 줄곧 갖고 싶은 어떤 것 때문에 목말라했던 것 같다. 내가 특별히 욕심이 많은 사람이라고 할 수 없다면 많은 이들이 나와 비슷한 증세를 앓고 있을 것이다. 난 사람에 대한 갈증이 많았던 것 같다, 물론 지금도 여전히. 피상적인 나눔 말고 익어있는 관계들이 내 옆에 존재하기를 바라고 그런 사람을 얻었다고 기뻐하다가도 어느 순간 상처를 받고 아파하는 틀에서 여전히 맴도는 중이다. 특이한 건 요즘 사람들이 너나없이 관심을 기울이는 모습 바꾸기엔 거의 관심이 없는 편이다. 어쩌자고 그리 용감하냐고? 연예인들의 성형은 거의 상식이고 일반인들의 성형외과 출입도 어색한 일이 아닌 분위기다. 남녀를 불문하고 좋은 인상이나 아름다운 선을 위한 과감한 투자를 꺼리지 않는다. 부모와 그 이세의 붕어빵 이야기도 옛말이 되지 않을까 싶을 정도로 성형 열기는 줄곧 상승세다.

뭐니뭐니 해도 아름다움의 근원은 내면에 있다는 식의 도덕론을 편다고 해서 지금 그런 말에 귀 기울일 사람이 있겠는가. 예쁜 여자는 다 착하다는데. 그래도 슬며

시 던져보고픈 주체적 성형론. 다른 사람이 보기 좋다는 어떤 상을 자기에게 덧씌우려는 것만은 자제하자는 정도. 그걸 통해 자신감은 얻을 수 있다면 나쁘지 않은 투자 아닌가. 그런데 대대적인 투자를 할 수 없는 보통 사람들의 경우 성형을 통해 성공적 이미지 변신을 하는 경우는 참 드문 일인 것 같다. 좀 더 자연스런 방법으로 내 모양을 증진시킬 방안은 없을까. 자기 일에 대한 열정으로 반짝이는 사람들, 방금 사랑에 빠져 달떠 있는 사람들의 아름다운 모습을 보면 분명 방법이 없는 건 아닐 것이다.

제25장

어떤 물건이 있어 혼돈스럽게 이루어졌으니
천지 보다 일찍 생겼다.
고요하고 텅 비어 홀로 우뚝 서서 변하지 않으며
두루 행하지만 위태롭지 않다 천하의 어미가 될 수 있다.
나는 그 이름을 알지 못하니
자를 붙여 '도'라 하고
억지로 이름을 붙여 '대'라 한다.
크면 갈 것이고
가면 멀어질 것이며 멀어지면 되돌아온다.
그러므로 도가 크고 하늘이 크고 왕도 크다.
이 세상에 큰 것이 네 개가 있으니
왕도 그 중 하나에 해당한다.
사람은 땅을 본받고
땅은 하늘을 본받고
하늘은 도를 본받고
도는 자연을 본받는다.

스물여섯,
'깊이'에 대한 그리움

重爲輕根, 靜爲躁君 : 무거움은 가벼움의 뿌리가 되고, 고요함은 조급함의 중심이 된다.

〈웰컴 투 동막골〉의 흥행실적은 이천 오년 한국 영화계 뉴스에서 수위를 놓치지 않을 사건이다. 오랫동안 박스 오피스 순위 1위를 차지했으며 그 이후로도 흥행의 열기가 가시지 않아서 역대 최고 흥행기록의 갱신을 향해 전진 중이라 한다. 실제로 내가 강의하는 한 강의실에서 이 영화를 보았다는 학생의 수가 70여명을 넘었던 것 같다, 모두 85명이 모인 방에서 말이다. 과연 기록 갱신의 수치들을 실감하게 하는 경험이었다. 이쯤 되면 젊은이들 뿐 아니라 나이든 분들까지 극장으로 불러 모았다는 얘기다. 여러 측면에서 이 영화가 지닌 미덕을 말할 수 있겠지만, 흥행 실적과 연관해서 내겐 이 영화가 보여준

'적당함의 미학'이 눈에 띄었다. 적당히 아름답고, 적당히 누추하고, 적당히 긴장되고, 적당히 슬프고, 적당히 유머러스하며…

이것은 더도 덜도 아닌 바로 오늘 한국문화의 현상을 적절히 반영하는 단면임에 틀림이 없다. '그까이꺼' '대충~' '대략 만족' 등의 유행어들이 말해주는 것처럼 말이다. 역사적으로 어떤 특정한 시대는 그 시대만의 특색을 지닌 정치, 사회, 문화, 예술을 가꾸어왔다. 지금 우리가 사는 세상은 '양적 성장'의 시기였던 20세기를 막 지나 보내고 이젠 '질적 성장'을 도모하자는 21세기의 문턱을 방금 넘어서는 때이다. 21세기를 맞이하며 인류는 '환경' '문화' '여성'이라는 화두를 선전하였다. 문화를 강조한다는 것은 결국 인간 생활의 질적 성장을 도모하자는 의도일 것이다. 문화를 향유하는 21세기적 인간이 되기 위해 얼마나 많은 사람들이 분투하고 있는가. 웰빙이란 수식어가 붙지 않으면 장사가 안 되고, 문화유적 답사를 기획하는 문화센터가 성업이기도 하다. 과연 문화의 세기이지 않은가!

그런데 한 시대의 문화를 일구는 주체는 결국 그 때를 사는 사람들이다. 오늘 우리 시대의 활짝 열린 문화의 장을 채워갈 이들도 결국은 우리들이다. 문화를 향유하는 인간의 실질은 비싼 오페라 공연의 일등석을 살 수 있는 능력이기 보다는 진정으로 자신이 선호하는 문화 영역을 발견하고 거기에 실제적으로 참여할 수 있는 데에서 발견될 수 있다. 그렇다면 지금 우리 시대의 문화 현상을 읽어내고 그에 대한 자기식의 대응을 할 수 있으면 더 없이 멋진 일이 아닐까.

그런 맥락에서 '적당함의 미학'을 다시 들여다본다. 이런 경향은 사람의 정서를 지나치게 흔들어 놓지 않고 편안하고 안락함을 지지하도록 한다는 면에서 유익하다. 그럼에도 불구하고 못내 아쉬운 부분도 존재한다. 그게 무엇이든 깊이 빠져 들어가 그 끝을 경험한 다음에 취하는 적절함과는 달리 처음부터 중간으로만 가다 보면 진짜 어려운 일에 당면하였을 때 그에 대처하는 내성을 찾기 어렵지 않겠는가. 동양의 지혜를 빌리면 우리 선인들은 항상 '중용中庸'의 미덕을 강조하였다. 중용이란 일면 '적당함의 미학'과 연관되기도 하고 전혀 다른 길이기도 하다. 중용은 물리적 가운데나 중간이 아니라 가장 적절한 대응을 의미한다. 때론 극약이 묘약이 될 수도 있는 법. 이때에는 극약처방이 중용의 길을 가는 셈이다. 끝을 알아야 적절한 지점도 찾아낼 수 있다고 했다. 끝을 알기 위해서는 깊이 침잠해 보아야 할 터이고……

제26장

무거움은 가벼움의 뿌리가 되고
고요함은 조급함의 중심이 된다.
그래서 성인은 종일 길을 가도
옷과 음식을 실은 수레를 떠나지 않으며
비록 호화로운 곳에 거처하더라도
평소처럼 거처하여 초연하다.
어찌 만승의 주인이 되었으면서도
그 자신이 천하에 대해 경솔하게 행동하겠는가?
가벼우면 근본을 잃을 것이고
조급하면 중심을 잃을 것이다.

스물일곱,
불륜 혹은 의심 증후군

善結無繩約而不可解 : 잘 맺어두면 노끈으로 묶지 않아도 풀 수 없다.

소설을 좋아하는 편이고 다독하는 편이라 년수 대비 독서량에 관한 통계가 있다면 평균은 훨씬 넘을 양을 읽어왔던 것 같다. 장르 불문하고 읽는 편인데 특히 이상문학상 수상 작품집은 1회부터 줄곧 보았다. 이 문학상의 시작이 1977년 이었으니 그 역사도 이미 얕다고 할 수 없는데다 다수의 거물급 소설가들이 이 상의 수상경력을 가지고 있다. 탄탄한 구성과 좋은 문체의 소설은 독자를 편안하게 그 세계로 이끌어 주는 미덕이 있다. 게다가 이 작품집을 보면 그 해의 작품 동향이나 글의 내용을 통해 세상 돌아가는 사정을 읽을 수 있다는 장점까지 갖추고 있다. 2000년대에 들어와서는 2002년 수상집 이외에는 못 보았는데 얼마 전에 작년 수상집을 읽었다. 김훈의 「화장」이 대상을 수상했고 구효서·김승희·전성태·고은주 등의 작품이 수상작으로 실려 있었다. 물론 재미있는 독서였다. 그런데 내 기억에 거의 모든 소설에 그것이 중심 화제이거나 주변 이야기이거나 하는 차이는 있더라도 보통 불륜이라 불리는 관계가 등장하고 있었다. 마치 아침을 먹고 점심과 저녁 식사의 메뉴를 고르듯이 자연스럽게. 그건 다소 놀라운 경험이었다.

아! 세상이 참 많이 변하고 있구나. 어느 세상에나 혼외정사가 있었고 결혼한 남자의 바람이 독한 감기 정도로 회자되어 왔지만 그래도 그건 파울 지역의 어두운 이야기이며 알아도 모르는 채 둘러가야 할 화제들이었다. 그런데 이젠 결혼 상태에 있는 부부가 각자 애인을 두고 있다든지 유부남과 독신여성(혹은 그 반대)의 만남이 별스러울 것 없는, 단지 권태로운 일상의 대안 정도로 표현되고 있었다. 소통할 수 없는 관계라도 모듬 생활을 위해 필요하다면(예컨대 결혼관계) 그대로 방치해 두고(필요하면 다른 관계를 통해 해소할 수 있으니까), 자신이 그런 생각이니 다른 쪽도 그러려니 포기하거나 의심하는 형편들이 고스란히 드러나 있었다.

쿨 한척 할 뿐 전혀 쿨 하지 못한 나 같은 사람은 생각한다. 관계가 도대체 무엇인가. 나눌 수 있는 만큼 치열하게 나누고, 소통하기 위해 분투하는 것이 사랑이란 이름 아래 묶여지는 관계 아닌가. 한 발 양보해서 조건에 따르는 결혼이었다 치자. 그래도 그 다음에는 사랑이든 정이든 만들어 가야 할 것 아닌가. 그것도 불가능한 일이라면 그런 관계는 포기하는 게 솔직하지 않을까. 결혼은 이만큼에 두고 사랑은 저 쪽에 두고 또 급한 욕구 충족을 위한 부분도 잊지 않고. 이렇게 해서 얻어지는 게 무언가. 상대 역시 그쯤으로 치부하거나 비슷한 수준에서 의심하는 것 말구 가능한 게 무얼까. 나는 이렇듯 조악한 부분으로 그를 대하지만 상대는 나를 향해 다 열어두기를 바라는 허황된 이들에게 돌아 올 것은 의처증이나 의부증 정도?

소설을 읽으면서 난 많이 추웠으며, 모든 수식 다 거두어내고 솔직하게 사랑하는 관계가 참 그립다!…고 생각했다.

제27장

길을 잘 가는 사람은 흔적을 남기지 않고
말을 잘 하는 사람은 흠을 남기지 않으며
계산을 잘 하는 사람은 산가지를 쓰지 않고
문을 잘 닫으면 빗장이 없어도 열 수 없으며
잘 맺어두면 노끈으로 묶지 않아도 풀 수 없다.
그래서 성인은 항상 사람들을 잘 구제하여
버려지는 사람이 없고
항상 사물을 잘 구제하여
버려지는 물건이 없으니
이를 일러 밝음을 간직하고 있다고 한다.
그러므로 선한 사람은 선하지 않은 사람의 스승이며
선하지 않은 사람은 선한 사람의 밑천이 된다.
그 스승을 귀하게 여기지 않고 그 밑천을 아끼지 않으면
비록 지모가 있더라도 크게 미혹되니
이를 일러서 미묘한 요체라 한다.

스물여덟,
산이 깊으면 골짜기도 깊다

天下谿 : 세상의 계곡

폭염이 기승을 부리는 여름날 사람들은 더위를 피해 바다로 산으로 피서를 간다. 더위를 잊게 해주는 물놀이나 그 이미지 때문에 바다가 피서지를 대표하지만 더 시원한 곳으로 치자면 산이 한 수 위다. 산중에 접어들면 아무리 한여름의 대낮이라도 서늘한 기운이 묻어있으며 날이 저문 뒤에는 한기를 느껴야 할지도 모른다. 산이 높아 계곡이 깊으면 깊을수록 더욱 시원한 기운과 만날 수 있다. 계곡에 흐르는 물을 온몸으로 햇볕을 받아내야 하는 바닷물에 비하겠는가. 그래서 냉장고 기능을 기대할 수 있을 정도의 시원한 물이 계곡엔 있다.

『논어』에 요산요수樂山樂水라는 말이 나온다. 인자한 사람은 산을 좋아하고 지혜로운 사람은 물을 좋아한다는 이야기. 산에 가보고 물을 보고 있노라면 그렇게 말할 수밖에 없었음을 이해할 수 있다. 흐르는 물처럼 자연스러운 순환을 이해하는 사람이 지혜롭지 않을 수 있겠는가. 다 포용할 수 있을 것만 같은 모습으로 그 자리에 서 있는 산에서 인자함을 배우지 않을 수 있겠는가. 인자한 사람은 품이 넓은 사람을 말한다. 그래서 잘 보듬어 줄 수 있는 역량이 있는 사람. 산은 말이 없고 언제부터인지 모를 시절부터 그렇게 무겁게 내려 앉아 있었을 터인데 도무지 속을 알 수 없다. 그래도 사시의 변화를 다양하게 받아들이면서도 그리 요란스럽지는 않으며 그 안에 수많은 생명을 보듬고 있다. 주절대는 나의 이야기를 묵묵히 들어주면서 산은 아무렇지도 않은 모양으로 그 자리에 서 있었다.

한동안 산에 가지 못했다. 몇 년 전 산에 오르는 매력을 알아버린 다음 한 동안 즐겁게 다녔는데 근간에는 갈 기회가 없었다. 그래도 가끔 그리웠다. 그토록 의젓하게 모든 걸 받아들일 것 같은 품으로 그 자리에 있는 산이. 나는 실제로 산에 발을 들여 놓고서야 인자한 사람이 산을 좋아한다는 말을 진짜로 이해했을 것이다. 그 넓은 품성을 직접 느끼면서 말이다. 산에 자주 간다 해서 다 인자하고 깊은 사람이라고 할 수는 없다. 그래도 산을 좋아하고 자주 가는 사람들 중 많은 사람들은 산의 모습을 닮고 배워서 넓은 품을 가지고 있다는 것을 안다. 이건 분명 사람이 가질 수 있는 멋진 모습 중 세 손가락 안에 든다고 믿는다, 넓은 품. 그건 다양한 많은 것들을 이해한다는 뜻이다. 이해할 수 있으니까 받아들일 수도 있는 것이다.

모든 법칙에 예외가 있듯이 정치인들의 산악회 모임은 다소 별종이라 해야 한다. 등산으로 몸을 튼튼하게 유지하고 동지들과 단합을 과시하며 정치적 이슈를 선전하는 행사 이상의 모습을 볼 수 없으니 말이다. 아쉬운 건 그 산악회원들이 자신들의 등반을 뉴스거리 제공에 그치지 않고 산의 모습을 배워오는 계기로 삼을 수 있다면 우리 정치의 오늘과 내일을 위해 매우 영양가 있는 일이 될 것이라는 점이다.

산이 깊으면 골짜기도 깊은 법이다. 사람도 산처럼 품이 깊고 넓다면 그 안에 많은 것을 들여 놓을 수 있을 것이다. 우리 시대에 참으로 그리운 인간형이다.

제28장

남성다움을 알면서 여성스러움을 지키면
천하의 계곡이 되니
천하의 계곡이 되면
항상 덕이 떠나지 않으며 어린아이로 되돌아간다.
그 밝음을 알고 그 어두움을 지키면
천하의 법식이 되니
천하의 법식이 되면
항상 덕에 어긋나지 않으며 끝이 없는 세계로 복귀한다.
그 영화로움을 알고 그 욕됨을 지키면
천하의 골짜기가 되니
천하의 골짜기가 되면
항상 덕이 넉넉하며 질박한 데로 되돌아간다.
질박한 것이 부서지면 그릇이 되고
성인이 쓰이면 군왕이 된다.
그러므로 큰 제도는 갈라짐이 없다.

스물아홉,
사랑의 기술

或行或隨, 或歔或吹 : 혹 앞서거나 혹 따르고, 혹 훈훈히 데우거나 혹 차게 식히다.

세상 사람들은 두 종류다. 연애를 잘하는 사람과 연애를 잘 하지 못하는 사람. 나로 말하면 아무래도 후자 쪽이라 나름의 연애론을 펴기엔 다소의 무리가 따름을 시인하지 않을 수 없다. 반성문이 되기 십상일 테니까. 그래서 연애 잘하는 부류들의 관찰기 쪽으로 방향을 돌려본다.

1군에 속하는 이들은 첫째 자기 자신의 감정에 솔직하다! 상대가 날 어떻게 생각할지 저 사람과 내가 걸어간다면 다른 이들이 무어라 말할까 등등 두 번째 항목에 해당되는 사항들을 염두에 두지 않는다. 상대가 나를 이끄는 어떤 면을 가지고 있는가에 주목하고 어떤 것이라도 그런 점이 포착되면 재빨리 행동에 반영한다. 당신에게 관심 있음에 대해서. 상대의 성향을 파악하는 것은 물론이다. 무턱대고 들이대어서는 안 될 사람, 좀 더 은근하게 접근해야 할 사람, 힘이 들어가야 하는 경우 등. 둘째 상대의 반응을 잘 파악한다! 행동개시 이후 상대의 반응을 즉각적으로 알아챈다. 은근히 접근해야 될 사람인 줄 알았더니 예상외로 들이대면 좋을 사람이더라. 그렇담 바로 피드백 들어가 준다. 유연한 작전 변경에 능한 것이다. 그러니까 이건 상대의 반응을 통해 좀 더 정확하게 그의 성향을 이해한 다음 적절한 대응방식을 찾아가는 거다. 뜨겁게 가야할지 서늘한 쪽으로 방향을 잡을지 앞서가야 할지 뒤 따르면서 은근하게 가야 하는지. 셋째 강약 조절에 능하다! 강한 걸 좋아하는 사람이라고 해서 강함으로 일괄처리 해 버리는 건 실패의 지름길. 강약이 적절하게 구사되어야 진정으로 강한 것이 드러날 수 있는 법이기도 하거니와 고기 좋아하는 사람이라고 세끼 모두 고기만 먹고 살 수는 없다는 자명한 진리를 따르는 길이다.

강약 조절이란 것이 어디 연애에만 해당되는 덕목이겠는가. 세상을 유연하게 잘 사는 사람들이 공통적으로 지니고 있는 덕목 중의 하나이기도 하다. 버럭 화를 내고 싶은 상황이지만 워워! 잠시 누그러뜨리고 싸늘한 어조로 한마디 할 때 그 효과는 백배 천배가 될 수 있는 법이다. 그걸 알지만 이미 버럭 화를 내버리고 이도 저도 아닌 뒤탈 감당에 허무했던 경험이 누구라고 없을 것인가. 그러니 강약 조절이란 내공이 필요한 삶의 지혜임에 틀림이 없다.

연애를 잘 하는 1군에 속하는 이라 해서 원했던 모든 사람들과 사랑을 나눌 수 있는 건 아니다. 솔직한 자신의 감정에 따라 그에게 접근했지만 상대가 영 무반응이거나 절대 접근 금지라고 답했을 경우도 없지 않기 때문이다. 그들에겐 모든 사람과 다 나눌 수는 없는 일이라고 깔끔하게 정리할 수 있는 미덕까지 있었던 것이다. 그 뿐이다. 자기감정을 들킨 것에 대해 속상해 하지 않는다. 그러기에 이런 경험이 다음 연애에 걸림이 될 리가 없다.

연애의 달인들, 그들의 연애에는 도도히 흐르는 세상살이의 이치가 들어있다. 나도 1군에 속하고 싶어!

제29장

천하를 가지고 작위하려는 것을 나는 불가능한 일이라 본다.
천하는 신묘한 기물이라
작위할 수 없으니
작위하면 실패하고, 잡으면 잃는다.
그러므로 세상의 사물은
혹 앞서거나 혹 뒤따르며
혹 훈훈히 데우거나 혹 차갑게 식히고
혹 강하기도 하고 혹 약하기도 하며
혹 꺾이기도 하고 혹 무너지기도 한다.
그래서 성인은 심한 것을 버리고,
사치한 것을 버리며,
지나친 것을 버린다.

서른,
여전히 계속되는 불공정 게임들

師之所處, 荊棘生焉 : 군대가 머문 곳엔 가시덤불만 자란다.

초등학생 어린아이와 건장한 성년의 남자가 싸운다. 싸움이라는 표현조차 무색한 그런 치고받음에서 초등학생을 넘어뜨린 건장한 남자의 힘을 칭송할 수는 없는 일이다. 성년 간의 게임에서도 체급에 따라 상대를 정하는 법인데 하물며 말도 안 되는 불공정 게임 당사자의 손을 들어 줄 수는 없다. 그런데 세상에는 이런 말도 안 되는 일이 속속 일어나고 있다는 데에 문제가 있다. 아직도 그 불씨가 다 꺼졌다고 할 수 없는 미국과 이라크 간의 전쟁이 바로 그런 경우다. 부시 정부는 911테러 보복과 '악의 축'(어이없다)인 북한과 이라크 이란 등의 테러위협을 제거하고 자국민의 보호와 세계평화를 확보한다는 명분으로 전쟁을 시작했다. 2003년 3월 20일에서 4월 10일에 이르는 동안 미국은 150여명의 군인이 죽고 400여명이 다치는 피해를 입었고, 이라크에서는 1300여명의 민간인과 2400여명의 군인이 죽었으며 그 보다 더 많은 숫자의 사람들이 부상을 당했다. 미군과 그 동맹국의 작전명이 '이라크의 자유'였다는 게 얼마나 황당한 일인가.

세계평화라는 부시정부의 전쟁 명분이 실은 원유확보와 경기회복 돌파구 마련, 중동지역 정치구도 개편 등의 실질적 소득을 위장하기 위한 껍데기였음을 모르는 사람은 없다. 내가 강대국 국민이 아니라서 피해의식이 더한 것일지 모르겠으나 어느 날 새벽 느닷없는 죽음을 맞이해야 했던 수많은 사람들의 형편이 참으로 화가 나고 또 슬프다. 어느 시대하고 전쟁이 없었던 때는 없었고 힘의 논리에 따라 약자들이 죽어가는 일은 비일비재였다. 단지 도구만 달라졌을 뿐이다. 옛날 전쟁에서는 피 흘리며 죽어가는 상대의 모습들을 직접 겪었다면 이제는 미사일을 쏟아 부어 놓고 피해상황만 집계하면 되는 일이니 전쟁 당사자들이 감정에 흔들릴 일도 많이 줄어들었을 테고 그러니 얼마나 편리한 일인가. 생각할수록 무서운 현실이다.

인권이라든지 정의라든지 아니면 평화라든지 하는 것들을 주장하는 목소리가 커지는 것은 그에 반하는 상황이 강화되었기 때문일까. 아무리 그래도 '역사는 진보하는 것이고 인간들의 세상은 전 보다 좋은 쪽으로 발전한다고 믿고 싶은 마음 역시 상대적 요구에 의한 것일까'를 의심하지 않을 수 없는 무자비함이 오늘 우리들 세상 안에 들어있다.

중국의 춘추전국시대는 말 그대로 전쟁이 일상으로 벌어졌던 시대라 하고 그 시대의 전쟁은 힘의 확장을 위한 가장 구체적인 방안이었을 것이다. 그러기에 어떻게 하면 전쟁에서 이길 수 있을까를 고심하는 집단과 전쟁을 대신하는 제삼의 방법을 찾자는 쪽이 팽팽하게 맞서는 구도였을 것이다. 물론 전자의 힘이 유력하였겠지만. 그런 상황이었으니 전쟁에 반대하는 노자의 목소리도 자연스럽게 받아들여진다. 그런데 그로부터 이천 년도 더 지난 오늘에도 노자 시대의 고민과 별반 다를 게 없는 문제가 여전히 존재한다는 사실이 신기할 뿐이다.

차이가 있다면 그 문제에 대해 언급하는 사람들의 수가 늘어났다는 것. 좀 더 많은 사람들이 세상의 문제에 대해 발언할 수 있다는 것을 역사의 발전이라 해석할 수 있을까. 그럼에도 불구하고 여전히 힘 있는 집단의 권력 행사는 참으로 공포스런 일이다. 그래도 난 '지금 내가 참여하는 곳에서의 불공정 게임에 반대하고, 내가 가진 것이 얼마이든 무엇이든 적어도 그걸 밑천으로 나 보다 덜 가진 이에게 사기 치는 일은 삼가야지'. 냇물이 흘러 바다로 간다는 매우 소박한 관념에 의지하여.

제30장

도로써 인주를 보좌하는 이는
군사로써 천하를 강압하지 않으니
그의 일은 잘 복귀하도록(도에) 하는 것이다.
군대가 머물던 자리엔
가시덤불만 자라고,
큰 군사가 지나 간 뒤에는
반드시 흉년이 든다.
군사를 동원하는 것은
구제하기 위한 경우여야 하며
감히 강함을 취하지 않으니
구제하였다고 뽐내지 말고
구제하였다고 자랑하지 말고
구제하였다고 교만하지 말라.
구제한 것은 부득이한 것이었으니
구제한다고 강압적이어서는 안 된다.
상황이 성장하면 완고해지는데
이는 도가 아니고, 도가 아니면 일찍 끝날 뿐이다.

서른하나,
아름다운 패배

勝而不美 : 이기더라도 좋아하지 않는다.

하늘의 제왕 천지왕이 이 세상의 혼란덩이인 수명장자를 다스려 보고자 땅에 내려왔다 돌아가는 귀로에 인간세상의 아름다운 처자 총명아기와 사흘 밤낮을 지낸다. 신과 인간의 첫 결합이다. "자식을 낳거든 대별이와 소별이라 이름을 짓고 나를 만나겠다고 하거든 이것을 건네주시오." 꿈처럼 바람처럼 사라진 낭군의 자취와 박씨 두 알만이 이젠 총명부인인 그녀의 손에 남겨진다. 과연 총명부인은 쌍둥이 아들을 낳고 대별이와 소별이란 이름을 그들에게 준다. 아이들이 자라서 아버지를 묻자 총명부인은 천지왕과의 인연을 말해주고 박씨를 전한다. 아들들이 기뻐하며 박씨를 심자 곧바로 싹이 터 덩쿨이 솟아오르며 박덩쿨은 구름을 뚫고 하늘로 올라가는 게 아닌

가. 대별과 소별은 박덩쿨에 의지해 하늘로 오른다. 하늘에 오른 형제는 활쏘기 시험으로 천지왕의 아들임을 증명한다. 천지왕은 이제 자신의 아들이 분명한 대별과 소별에게 다른 과제를 준다. 꽃씨 두 개를 주며 더 아름답고 튼실한 꽃나무로 키운 사람에게 이승을 꽃나무 경쟁에서 진 사람에게는 저승을 다스리는 권한을 주겠노라고.

 대별과 소별은 저마다 정성을 다해 꽃나무를 가꾼다. 그런데 어찌된 일인지 소별의 꽃나무는 형의 것처럼 생생하지를 못하고 시들했다. 승부를 결정하기 전 날 밤 소별은 몰래 화분을 바꾼다. 그러니 이제 소별의 꽃나무가 훨씬 튼실하고 아름답게 자라있을 터. 그래 결국 소별이 이승을 다스리고 대별은 저승을 다스리게 되었고 이런 비하인드 스토리 덕에 이승은 권모와 술수로 어지러운 세상이 될 수밖에 없었다나. 한편 저승으로 간 대별은 자신의 바뀐 운명에 화를 내기는커녕 선량하게 살다 죽은 영혼의 안식처를 주고 악행을 저지르면서도 부귀를 누린 자는 죄 값을 치르도록 하여 저 세상의 질서 유지에 완벽을 기하였다는 이야기.

 우리 창세신화 〈대별왕 소별왕〉 이야기의 대강이다. 우리 신화는 서양의 신화에 비해 턱 없이 베일에 가려져 있는지라 좀 장황하게 신화의 내용을 소개했다. 꽃씨를 심도록 하는 신화. 얼마나 인간적이며 소박하고 한편으로 장구한 발상인가.

여하튼 창세신화에서부터 권모와 술수가 등장하는 걸 보면 이건 인간세상과 불가분의 관계에 있는 물건들인 모양이다. 더구나 술수가 이긴다는 내용에 이르면 오늘 우리가 만나는 장면에서 속속 발견되는 부적절한 승자들의 무용담이 그리 특별한 일이 아님을 알게 한다. 인간들의 나약한 심성과 욕심이 만나는 자리에서 빚어지는 장면들. 우리의 이성은 불공정 게임의 당사자인 소별에게는 비판의 화살을, 정당함을 지켜낸 데다가 동생의 불의까지 덮어주는 아량을 지닌 대별에게는 찬사를 보낸다. 그러나 나의 이해가 얽혀있는 생활로 내려오면 욕심은 소별의 승리에 주목하기를 채근한다. 이성과 욕심 사이의 간극은 언제나 벌어져 있다.

사람이 교육을 권장하고 옳은 것에 대한 담론을 견지하고자 하는 이유는 그 간극을 좁혀보고자 하는 자정장치가 아닐까. 그래서 이성은 간데없고 욕심만을 앞세운 승리 앞에서 부끄러워할 수 있는 자신들의 모습을 기대했을 것이다. 져서 더 아름다운 게임도 이 세상에는 있다는 것, 그런 것도 바라보자고 말이다.

제31장

좋은 병기는 상서롭지 못한 도구라 사람들이
싫어하므로
도를 지닌 사람은 그렇게 처신하지 않는다.
군자는 거처할 때 왼쪽을 귀하게 여기고
병기를 쓸 때는 오른쪽을 귀히 여긴다.
병기는 상서롭지 못한 도구라 군자가 쓸 도구가 아니다.
부득이 해서 그것을 쓸 뿐
조용함을 으뜸으로 삼고 이기더라도 좋아하지 않는다.
전쟁에서 이기는 것을 좋아하는 사람은
사람 죽이는 것을 즐기는 것이고
사람 죽이는 것을 즐기는 사람은 세상에서 뜻을 얻을 수 없다.
길한 일에는 왼쪽을 높이고
흉사에는 오른쪽을 높인다.
편장군이 왼쪽에 자리하고 상장군은 오른쪽에 자리하는 것은
상례에 따라 자리 잡는 것이다.
죽인 사람이 많으면 애통하여 울 것이며
전쟁에서 이기면 상례로 대처한다.

서른둘,
일단 멈춤

知止, 可以不殆 : 멈출 줄 알아야 위태롭지 않다.

팔 년 전에 받아놓은 면허를 실제로 사용하게 된 것이 이제 일 년 조금 넘었나? 내 소유의 차가 생기고 그걸 내가 운전하고 다닐 수 있다는 사실이 벅차게 기뻤지만 한편으론 각가지 자동차로 넘실대는 저 넓디넓은 도로 한가운데로 나가야 한다는 현실이 두렵기도 했던 것 같다. 초보 운전자가 된 내게 이미 베스트 드라이버인 주변의 많은 이들이 한 마디씩 덕담과 조언을 해 주었다. 언제나 주효한 한 마디를 잊지 않는 내 오빠는 이번에도 "운전을 잘 한다는 건 빨리 잘 달리는 것이 아니라 잘 멈출 수 있는 것이더라…"고 했다. 그럴듯한 말이라 생각했고 실제로 운전하면서 확실히 그렇다는 걸 알았다. 고속도로에서 가속기를 밟아 속도를 높이는 건 참으로 간단한 일이었지만 다양한 상황에서 어떤 경우에는 아주 급하게 멈춰야 할 때가 있는데 그건 생각만큼 간단한 일이 아니었다. 도로 상황에 유연하게 대처할 수 있는 능력은 그가 얼마나 잘 멈출 수 있는가와 직결된다는 것을 배웠다.

동양의 많은 사상가들이 자연의 법칙에서 인간의 도리를 찾아내고 물리적 현상을 인간의 삶과 연결시켰던 것은 참으로 지혜로운 구상이었다. 내가 직접 이 세상을 살아가면서 그것이 틀리지 않았음을 알겠다. 그런데 문제는 한 박자 늦게 그걸 깨닫는데 있다. 지나고 난 뒤에 '아차'하는 거 말이다. 뭐 그렇지 않고 성인처럼 모든 일에 다 적절히 대처한다는 것은 이미 인간적 삶의 고유한 형태를 벗어나서 재미없는 경지로 들어가는 일일지도 모르니 일단 삐걱이는 보통사람들의 삶에 초점을 두어야 할 터이다.

그래서 보통사람이 최고로 잘 사는 길은 지양해 가는 삶이라 여긴다. '아차'한 뒤에 담엔 좀 다르게 해 보려 하고, 다시 '아차' 하지만 이번엔 전과는 좀 다른 지점에 서 있는 형태. 어떤 경우에 그 지양의 그래프가 완만한 상승세를 그릴 수도 있겠고 다른 경우엔 하강과 상승의 굴곡이 있는 선이 될 수도 있을 것이다.

운전을 시작 하고 오일쯤 되던 날인가 멈추고 핸들을 돌려야 할 지점인데 그렇게 하지 못하고 내 차와 담벼락이 스치도록 한 일도 있었고 옆 차선에서 차선변경 해 오는 차와 자칫 충돌할뻔 한 아찔한 순간도 있었다. 운전 경력 일 년 정도 된 지금도 내게 운전은 다소의 긴장이 필요한 일이지만 그런 초창기를 생각하면 많이 익숙해졌다는 걸 스스로 느낀다. 그건 예기치 못한 상황에 대처하는 방식을 볼 때 그렇다.

운전도 그러할진대 예컨대 사람과 사람이 만나서 사랑을 하고 관계를 쌓아가는 일에 익숙해지는 과정이 없어서 될 말인가. 때론 서로 양보하지 않고 밀어붙이다가 결국 부딪쳐서 상처를 입히는 일도 있을 것이다. 그런 다음엔 상대에게 준 상처가 미안해서 그걸 위로하려는 시도도 해 볼 것이다. 언제부터인가는 어느 때 일단 멈춤이 필요한지를 아는 날이 올 것이다. 잘 주행하기 위해서는 멈춤이 반드시 필요한 것처럼 상대를 이해하고 익숙해지는 사이에 그런 조작이 가능하게 될 터이다. 사람과 사람이 만나는 일에 항상 좋은 일만 있을 수 있는가. 환하다가 비바람이 불기도 하고 때론 천둥번개도 칠 것이고 구름으로 꽉 덮인 날도 있을 것이다. 허나 그 구름 한 장 걷히면 바로 찬란한 햇살이 드러난다는 걸 우리는 모두 알고 있지 않은가!

제32장

도는 본래 이름이 없으니
질박하고 작은 것 같지만 천하가 신하로 부리지 못한다.
후왕이 이 도리를 잘 지키면
만물이 스스로 복종할 것이다.
천지가 서로 화합하여 감로를 내리듯이
사람들은 명령이 없어도 저절로 균평하였다.
처음 제도가 만들어지면서 이름이 생겼는데
이름이 이미 있다면 멈출 줄 알아야하니
멈출 줄 알면 위태롭지 않다.
비유컨대 천하에 있어서 도는
마치 작은 계곡물이 바다에 대한 것과 같다.

서른셋,
자화상

自知者明, 自勝者强 : 자신을 아는 사람은 밝고, 자신을 이기는 자는 강하다.

초등학교 시절의 내게 일기는 곧 숙제였다. 며칠 분씩 한 번에 채울 수 있지만 날씨를 기록해야 한다는 점이 다소 골칫거리인 숙제. 말 그대로 어느 날의 내 삶을 기록하는 장으로 일기를 쓰기 시작한 것은 머리가 굵어졌다고 스스로 인정한 중학교 무렵이었다. 그 때부터 석사과정에 다녔던 시절까진 줄곧 노트에다 매일 혹은 며칠 만에 그러나 지속적으로 적었다. 그렇게 쌓인 노트들이 이젠 애물단지다. 커다란 가방에 갇혀서 마포 집 베란다 한 켠에 박혀 있을 일기장들은 넓지 않은 아파트 공간을 톡톡히 잡아먹고 있다. 석사 과정 이후로는 컴퓨터를 이용해 일기를 썼으니 부피를 느끼며 쌓아두지 않아도 되는 편리함에다가 가끔씩 한 시절을 뭉텅이로 날려 보내는 스릴을 경험할 수도 있다. 지금 내 일기장 파일의 제목이 '리포맷'인데 얼마 전 노트북의 하드를 바꾸면서 그 안에 있던 자료들을 다 보내주고 당연히 2년 정도의 일기도 묻어버린 뒤에 붙인 이름이다. 꼭 보관하자고 기록하는 건 아니니까 가끔씩 떠나보내는 것도 나쁘지 않은 것 같다.

일기의 미덕은 스치고 말 순간들을 한 번 더 기억하게 해 주는 거다. 아무렇지도 않게 지나가 버릴 나의 하루, 나의 일상에 스스로 의미를 놓아주는 일이다. 거울을 보고 매무새를 살피는 것처럼 내 일상의 매무새를 돌아보는 행위. 그런데 어느 때부터인가는 마치 아침에 커피를 마시듯이 잠들기 전에 그저 몇 자 적어두는 습관처럼 되어버린 게 아닌가 싶을 정도로 색이 바랜 것 같다. 게다가 매무새를 고치기보다 그날 누군가에게 당했다고 생각되는 사연들에 대한 울분을 토로하거나 허락되지 않는 욕심에 불만인 내용이 태반이다.

그래서 스스로를 돌아보고 자신을 이해하는 일은 참으로 어려운 길이라 하는가. 다른 사람의 옷 끝에 붙은 검불은 기막히게 잡아내면서 내 몸에 붙어있는 커다란 흔적은 잘 볼 수가 없다. 다른 사람이 잘못 하는 건 바로 지적할 수 있는데 내 안에서 커가는 병증을 자각하는 일은 왜 그리 어려운지. 누구라도 스스로를 객관화해서 살피는 일은 만만치가 않다. 사람의 유형을 잘 볼 수 있다고 자부하는 나지만 나와 연관된 사람, 특히 이성을 파악하는 일은 누구보다도 무디다는 지적, 백 프로 인정! 아무래도 그건 내게 유리하게 해석하려는 심사가 가운데 버티고 있기 때문일 것이다. 적을 알고 나를 알면 백전백승이라 했던 것은 그만큼 그 일이 어렵다는 말이기도 하다. 상대를 파악하기도 쉽지 않거니와 내 스스로를 파악하는 일은 그보다 한 급 위이기 때문이다. 그러기에 스스로를 아는 사람은 밝은 사람이며 강한 사람이라 했을 것이다.

이황선생께서는 〈자성록〉이라는 제목의 일기를 쓰셨다. 말 그대로 스스로를 돌아보는 기록. 그의 떳떳한 행보를 가능하게 했던 힘은 자성하는 데에서 비롯되었을 것으로 믿는다. 오랫동안 일기를 써 온 것만이 중요한 것이 아니고 제대로 스스로를 돌아보는 일이 소중한 일임을 배워야겠다. 그러면 나도 혹 밝고 강한 사람이 될 수 있으려나. 솔직히 말하면 부끄러움을 알고 그것을 줄여보고자 하는 인간이 될 수 있다면 대략 만족!

제33장

다른 사람을 아는 사람은 지모가 있으나
스스로를 아는 사람은 밝으며
남을 이기는 사람은 힘이 있으나
자신을 이기는 사람은 강하다.
만족할 줄 아는 사람은 넉넉하고
강하게 행동하는 사람은 뜻을 얻으며
제 자리를 잃지 않는 사람은 오래가고
죽더라도 없어지지 않는 사람은 장수한다.

서른넷,
할머니의 품

衣養萬物而不爲主 : 만물을 감싸 기르지만 주인 노릇하지 않는다.

기차를 타고 버스를 타고 다시 먼지 폴폴나는 산길을 걸어 도시의 아이와 그 아이의 엄마가 찾은 곳은 말 못하고 등이 굽은 아이 외할머니의 집이다. 영화 〈집으로〉의 첫 장면이다. 살림이 어려워진 엄마는 아이를 잠시 외할머니에게 맡긴다. 오래된 할머니의 모습만큼이나 오래된 할머니의 집은 아이의 레고나 오락기와 참으로 어울리지 않는 풍경을 하고 있다. 이제 아이는 제대로 된 재래식 화장실을 사용해야 하고 할머니가 차려주는 기이한 밥상을 받아야 할 터이다. 그런 상황을 이해할 수 없는 7살 꼬마는 외할머니를 향해 갖은 심통을 다 부리고 다른 외할머니들처럼 이 할머니는 그 응석을 다 받아준다. 그것도 고요하게. 한동안의 갈등과 많은 사건들이 지나는 동안 아이는 할머니에게 더 이상 짓궂은 장난을 하지 않게 되고 말 못하고 글도 모르는 할머니를 걱정하는 단계에까지 이른다.

여하튼 갈퀴 같은 손과 굽은 등을 가진 할머니는 언제부터라도 그 자리에 서 있었을 것 같은 커다란 나무를 생각하게 했다. 배우가 아닌 진짜 산골 할머니가 연기했다고 해서도 화제가 되었던 영화였다. 영화의 주인공은 삶의 진정성을 그 손과 얼굴의 주름으로 웅변하고 있었다. 더 이상의 기교가 필요치 않은 연기였다. 많은 일들을 몸으로 겪어낸 자만이 가질 수 있는 무심한 표정과 애를 쓰지 않아도 저절로 나오는 자식을 향한 애정들. 영화를 보는 내내 난 자꾸 커다란 나무가 생각났고 가끔씩 눈물이 났다.

입동이 지나고 날은 차가워지고, 지난주까지 예쁘게 물들었던 단풍은 이미 색 바랜 어중간한 모양으로 떨어지기만을 기다리는 듯 했다. 마지막 단풍을 구경해주자고 올랐던 북악스카이웨이 길에서는 이미 지나간 가을의 모습만 확인하고 돌아온 격이었다. 후드득 떨어지는 잎들이 참 가벼워 보였다. 할 일 다 마치고 귀향하는 약간 지친 그러나 후련한 모습들처럼. 이미 몇 십 번의 겨울을 살았건만 올해는 왠지 새로 올 계절이 참으로 낯설다. 마치 처음 경험하는 무엇을 앞에 두고 있는 느낌이랄까. 미리 추워하지 않고자 하는 방어기제 같은 건지도 모르지. 이것도 나이 들어가면서 생기는 일종의 엄살이 아닌가 스스로 해석하며 웃는다. 아무튼 포근하고 따듯한 것이 마구 그리워지는 날들이다.

    할머니의 품은 어머니의 그것과는 다른 깊이와 너비를 지닌다. 자식을 향한 욕심이 거세된 애정만 남아서일까. 세상의 어떤 품 보다 고소하고 따듯한 것이 할머니의 품이다. 꼼꼼한 할머니 냄새까지 얼마나 그리운지… 사람에게는 따끔한 질책이 필요한 것처럼 그저 보듬어 주는 할머니의 품도 필요한 법이다. 언제부터라도 그 자리에 서 있었을 것 같은 커다란 나무를 보면 할머니 생각이 난다. 오래전부터 그 자리에서 울고 웃는 온갖 풍상을 묵묵히 바라보았으며 원하기만 하면 언제라도 말없이 보듬어 줄 것만 같은 나무가 아니 할머니가.

제34장

대도가 두루 퍼져서
왼쪽으로도 오른쪽으로도 갈 수 있다.
만물이 의지하여 생겨나지만 말하지 않고
공을 이루어도 이름을 내세우지 않으며
만물을 감싸 기르지만 주인 노릇을 하지 않는다.
항상 무욕하니 작다고도 할 수 있으며
만물이 귀의하는데도 주인 노릇을 하지 않으니
크다고도 할 수 있다.
그러나 끝내 스스로 위대해지려 하지 않기 때문에
위대함을 이룬다.

서른다섯,
맛난 음식의 유혹

淡乎其無味 : 담백하여 맛이 없다.

왠만한 노여움이나 고민 따위는 혀끝에서 살살 녹는 블루베리 치즈케익으로 지워버릴 수 있는 나는 내가 아끼는 나의 모습이다. 그렇게 단순하고 명쾌한 모양이라니! 대체로는 손바닥의 복잡다단한 잔금처럼 복잡한 생각의 굴레에서 벗어나지 못하는 성향임에도 불구하고 맛난 음식 앞에서는 무장해제가 가능하다. 한편으로 다혈질의 기질까지 갖추고 있는 관계로 울분도 만만치 않게 치받아 올라오건만 하릴 없이 열을 내다가도 내가 좋아하는 국수요리를 들이대면 언제 그랬냐 하는 것도 불가능한 일이 아니다. 우울증이 발목을 잡는다 싶으면 진한 초콜릿 몇 쪽을 입에 넣고 달콤한 기분을 맛보게 하는 센스도 내가 살아가는 방법 중의 하나이다.

노소를 불문하고 맛난 음식을 찾아가서 먹어보는 유행은 이미 한 단계를 넘어서는 것 같다. 한 때는 방송에 나왔던 맛집이라면 무조건 하고 가서 시식해 보는 걸 목적으로 했던 사람들도 많았고 그들 중의 상당수는 미각을 충족시키기보다 유행의 트렌드를 경험하려는 의도에 따랐을 것이다. 양의 축적이 질적 변화를 가능하게 하는 것은 이런 문화의 풍속에서도 적용되는 것 같다. 그래서 이제는 식도락에도 문화적 역량이 개입하고 있다. 단순히 비싼 돈을 들인 음식이나 대중매체를 통해 선전되었으니까 나도 먹어 보겠다는 식이 아니라 자신의 기호를 스스로 알고 그 기호에 충족할 수 있는 음식을 다양하게 먹어본다든지 자신의 기호를 확장시키고자 하는 쪽으로 음식에 접근하기도 한다. 이런 면에서 우리가 이전에 잘 접하지 못했던 인도나, 서아시아, 남미의 음식을 전문으로 하는 음식점들이 개장을 하는 것도 수요자들의 다양한 욕구에 부응하는 흐름일 것이다.

 몸에 좋은 음식이라면 물불을 가리지 않고 탐하려는 욕심이나 고급 호텔 레스토랑의 비싼 코스요리 경험을 내세우는 식의 천박한 식도락은 좋은 음식을 먹었다 해도 허허롭다. 음식이 가진 미덕은 사람의 주린 배를 채워주는 중요하고도 기본적인 부분 이외에도 많은 것이 있다. 음식은 만든 사람의 철학을 느낄 수 있는 매체가 되며, 좋은 사람들과 나눌 수 있는 매개로서도 좋은 역할을 한다. 같은 재료로 낼 수 있는 다양한 맛을 경험해 볼 수 있는 기회도 제공한다. 매우 간명하게 조화가 무엇인지를 구체적으로 보여준다. 기분전환의 묘약이 될 수도 있다.

자극적인 매운 맛이 당길 때가 있고 화끈한 소스가 생각나는 때도 있으며 매우 달거나 신 음식이 끌릴 때도 있다. 그런데 그렇게 강한 맛을 가진 음식들을 두 끼 이상 계속 먹는 일은 대단한 인내를 필요로 하는 일이 되어버릴 수도 있다. 우리가 주식으로 먹는 밥이나 인도사람들의 주식이라는 란 같은 음식은 자극적이지 않지만 그 맛에 깊이가 있다. 밥을 저작할 때 느껴지는 무리 없는 감촉이나 거기서 우러나오는 맛은 짜지도 맵지도 않으니 딱히 무어라 표현할 수 없고 결국 깊은 맛이라고 할 수밖에 없다. 그래서 질리지 않는 맛. 이것이 맛의 급수를 따진다면 최고급에 해당하는 맛이 아닐까. 모든 화려한 맛은 이런 깊은 맛에 바탕 해서 나오는 갈래들이다. 그러니까 이런 담박한 맛의 매력을 알아낼 수 있는 미각이야 말로 고급의 식도락을 논할 수 있는 자로 등극할 수 있을 터이다. 나는 노자가 말한 도가 바로 '밥맛'과 같은 것이라 믿는다.

제35장

대도의 법상을 가지고 천하에 나아가니
가도 해로움이 없으니 편안하고 태평하다.
좋은 음악과 음식은
과객을 멈추게 하지만
도를 입으로 표현하자면
담백하고 맛이 없어
보려 해도 보이지 않고
들으려 해도 들리지 않지만
아무리 써도 다함이 없다.

서른여섯,
고수들의 향연

將欲歙之, 必固張之 : 줄어들게 하려면 반드시 먼저 펴준다.

죽어도 죽지 않는다는 말은 중국 무협영화가 증명해 준다. 〈연인〉의 장쯔이는 자꾸만 살아난다. 피도 엄청 많이 흘렸고 화살도 칼도 많이 맞았으니 이제는 진짜 죽었으려니 하는데 그녀는 우리의 기대를 저버리고 스르르 일어나 버리는 거다. 이 영화가 아니라도 무림의 고수들이 펼치는 화려한 진검승부의 세계는 보는 사람의 눈을 현혹시키고도 남는다. 영화나 소설에서 묘사되는 고수들의 칼 솜씨나 그 칼을 막아내는 기술은 신기에 가까운 것으로 다분히 과장된 면이 있다. 그러나 그들이 도로 삼고 있는 공부의 길을 들여다보면 매우 간단하게도 '이치에 어긋나지 않는 방식'을 따르고 있다. 그럼에도 불구하고 고수들의 전략은 범인들이 읽어내기에 역부족이다. 대부분은 그 그물에 걸려들기 마련이다. 지피지기 백전백승. 일단 상대를 읽어낸다. 얼마만한 무공을 가진 인물인가 그건 꼭 겨뤄보지 않아도 움직임 하나로 파악될 수 있다. 눈의 깊이나 손짓 그리고 내딛는 발걸음 하나하나가 모두 그 사람의 무공을 반영하는 자료가 된다.

고수일수록 섣불리 칼을 휘두르는 경거망동을 범하지 않는다. 물론 특별한 예외의 경우가 없는 건 아니지만, 일반적으로는 그렇다. 상대가 한껏 자신의 역량을 발휘하도록 이끈다고 할까. 기 싸움에서 진 사람은 이미 승부에서 밀려나게 되는 법인데, 그런 이들일수록 성급하게 결말을 내기 위해 자기가 할 수 있는 기교를 마구 드러낸다. 자기가 베일 것 같아서 조급하니까. 그러면 그 상대 편은 상대가 맘껏 공격 할 수 있도록 열어두고 최소한의 방어만 한다. 장작에 불이 붙어 활활 타다 보면 반드시 재로 변하는 순간이 있는 법. 그 순간에 간단한 일격으로 지친 상대를 제압해 버리면 게임 끝이다.

내가 자신이 없거나 조급함에 쫓길 때는 바로 눈앞의 것 이외에는 도무지 보이질 않는다. 꼬리에 불이 붙은 강아지가 바로 옆에 있는 물동이를 쳐다보지도 않은 채 뱅글뱅글 돌고 있는 답답한 지경과 다름이 없다. 한발만 떨어져서 보면 해법이 있는데 목전의 문제에 급급하게 되면 그것 이외의 아무 것도 받아들이지 못하는 어리석음.

맞장을 뜨거나 자신의 문제로 골몰할 때 염두 해야 할 진리는 급급하면 이미 진 게임이라는 것이다.

그런데 그게 어디 말만큼 쉬운 일인가. 당장 급해서 골몰하고 있는데 이것저것 따져 볼 여유를 어디서 찾겠는가. 그러니 내공이 필요한 거다. 수많은 무림의 고수 중 누구도 하루아침에 고수로 등극하는 사람이 있던가. 각고의 노력과 죽음의 문턱에 수도 없이 다녀 온 다음의 어느 날 비로소 더 이상 누구도 넘볼 수 없는 무공의 소유자로 우뚝 서지 않던가.

내 자신의 문제도 그렇고 상대와 연결된 것도 마찬가지일 텐데 문제 해결 능력은 시행착오를 통해 한 단계 나아간 지점으로 전진하는 과정에서 성숙된다. 어렵고 시급한 문제일수록 한 박자 쉬면서 앞뒤를 살피는 전략이 필요하다. 무림의 고수가 상대를 맘껏 놀린 다음에 결정적인 한 방을 날리는 것처럼 사태를 제대로 파악한 다음 내가 원하는 것을 얻기 위해서는 일단 내어주는 쪽이 승리의 관건이라는 노자의 충고다.

사족, 영화든 소설이든 급수가 높은 고수일수록 부드러운 인상에다 크지 않은 몸을 가진 이로 묘사되는 경우가 많다. 그 유연한 이미지가 주는 상징이 재미있지 않던가.

제36장

장차 줄어들게 하려면 반드시 먼저 펴주고
장차 약하게 하려면 반드시 먼저 강하게 해 주며
장차 없애고자 하면 반드시 먼저 일으켜 주고
장차 빼앗으려면 반드시 먼저 줘야 하니
이것을 은미한 밝음이라 한다.
부드럽고 약한 것이 굳세고 강한 것을 이기니
물고기는 연못을 벗어나면 안 되고
나라의 이기를 사람들에게 보여서는 안 된다.

서른일곱,
참 이상한 일들

道常無爲而無不爲 : 도는 항상 무위하지만 하지 못하는 일이 없다.

개인차가 있긴 하지만 누구라도 싫증이란 증세를 갖고 있다. 어떤 사람 혹은 어떤 경우엔 좀 더 빠른 시간 안에 그 증세가 보이고 또 다른 누군가는 좀 더 긴 시간이 필요하다는 차이가 있을 뿐이다. 이게 없다면 인간들의 생활은 훨씬 편리했을 것이고 안정적이기도 했을 터이다. 애인의 바람 때문에 속을 끓이고 다른 디자인의 옷을 탐하며 진화된 핸드폰에 기웃거리는 일이 백 분의 일 정도로 줄었음에 분명하다. 현혹眩惑이라는 말은 사람이 제정신을 못 차리게 하는 경우에 쓰는 단어다. 쏙빠지게 멋진 무엇을 발견했을 때 우리는 그것에 현혹된다. '사람의 눈을 현혹한다'는 용례처럼 눈으로 자극받아 벌어지는 현상이다. 정상적인 사람이라면 누구라서 장동건이나 다니엘 헤니의 스타일에 녹지 않을 수 있을 것이며 프랑스 요리의 화려함에 현혹되지 않을 수 있는가.

다소 과장일 수 있겠지만 삶 자체가 현혹의 연속이라고도 할 수 있을 것이다. 다니엘 헤니에 열광하던 사람들이 얼마 지나지 않아 다른 누군가에게 열광을 받칠 것이다. 이효리에 목숨을 거는 것도 한 때일 것을 안다. 유통기간이 지난 호빵을 아무도 먹으려 하지 않는 것처럼 사람들의 시선은 신선하고 새로운 무엇을 기대하기 마련이다. 그러나 내일이 어느덧 과거로 묻히는 것처럼 신선하고 새로운 것이 언제나 그 상태일 수는 없는 일이다. 다 알면서도 새로운 것을 목말라 하고 이내 시들해지고 권태를 느끼며 다시 이번엔 좀 더 색다른 '무엇'을 욕구한다.

역설적이게도 삶에 대한 끝 모를 갈증을 지닌 사람들인지라 다른 한 편으로 변하지 않을 정서에 대한 그리움을 지니게 되었는지 모른다. 한편에서는 말초신경을 자극하는 각가지 것들을 욕구하면서도 다른 한편으로는 늘 그 자리에 있어주었으면 좋겠다고 여기는 한 자락의 그리움을 드리운다. 딜레마이고 역설이며 모순인 그래서 안정적이기 어려운 모습이다. 내게 있어 항상 그 자리에서 날 붙들어 주는 건 무얼까. 깊은 사랑을 느끼게 하는 내 부모의 그림자인가, 인적 드문 산 속의 커다란 나무였던가, 아님 내 공부의 길이던가.

  부가킹즈의 음악에 빠지고, 황정민에게 매료되고, 베트남 국수의 다양한 맛을 신기해하고, 클럽 에스프레소의 커피향이 불쑥불쑥 생각나는 오늘의 나는 내일 또 다른 열애의 대상 때문에 잠 못 이룰 것을 알고 있다. 이것이 살아있음을 누리는 일이 아닌가. 그럼에도 불구하고 내일도 변하지 않고 나를 지켜줄 보이지 않는 손이 내 안에 존재함을 알고 있다. 그 손이 부모의 사랑일지 큰 나무의 이미지일지 그것도 아님 할머니의 품이라는 상징일지 모르겠지만, 뭐 그 모두일수도 있겠지. 애덤 스미스는 개인의 이익이 궁극적으로는 자연적 조화를 이룬다는 의미로 보이지 않는 손을 이야기 했다면, 나는 그것이 내 삶이 혹 날아가 버리지 않고 현실에 발 딛도록 붙들어 주는 내 삶의 중심이라 말한다.

제37장

도는 항상 무위하지만 하지 못하는 것이 없다.
후왕이 그것을 지킬 수 있다면
만물은 저절로 생기고 변화하게 될 것이다.
저절로 생기고 변화하는데도 욕심이 일어나면
나는 장차 무명의 질박함으로
그것을 진정시킬 것이다.
무명의 질박함을 쓰면
욕심이 없어질 것이고
욕심내지 않고 조용히 있으니
천하가 저절로 안정될 것이다.

서른여덟,
취향의 급수

處其實, 不居其華 : 그 열매에 처하지 헛된 꽃에 머물지 않는다.

오랜만에 백화점에 갔었다. 70년 넘도록 그 자리에 있었다는 도심 속의 백화점은 건물을 확장하면서 새로 지어 이전과 다른 모양을 하고 있었다. 주차장도 여유있게 만들었고 널찍하고 쾌적한 매장이 사뭇 화려했다. 포장에 따라 물건의 값어치도 달라 보인다고 했던가. 잘 지어진 건물에 들어있는 물건들은 왠지 비싼 것이 당연하겠다는 인상을 준다. 실제로 몇 군데 둘러 본 여성의류 매장의 옷들은 보통 월급쟁이들의 한 달 노동쯤은 눈도 깜짝 안 하고 앗아 갈 가격표를 달고 있었다. 아이쇼핑을 하는 동안 물론 몇 가지 갖고 싶은 물건들이 눈에 들어왔고, 여건만 허락된다면 와락 지르고픈 마음도 없지 않았다. 붙어 있는 가격표들도 기를 죽이는데다 꼭 사야할 물건이 있었던 것도 아니라 얼마 지나지 않아 건물 10층에 있는 야외 카페로 올라갔다. 가을 오후의 다소 서늘한 기온과 멀리 남산이 보이는 조망이 기분을 편안히 해주어서인지 방금 전 매장 안에서의 갈등들은 금새 잊혀졌다. 마음에 드는 물건 앞에서 쉽게 돌아 설 수 없는 사람들도 많을 것이고 그런 것도 병이라면 병일 텐데 우리는 그래도 금방 잊혀지니 다행이라며 같이 갔던 친구와 가볍게 웃지 않았던가.

사람의 눈은 참으로 신기해서 그 사람의 심경을 그대로 반영해 준다. 아무리 화려한 명품으로 성장을 한 스타일 좋은 멋쟁이라도 심심한 눈을 가지고 있다면 허하다는 인상을 준다. 그러니까 심심하고 활기를 잃은 사람이 화려한 치장 따위로 그 속내를 감추기엔 역부족인데 그 이유는 눈을 감출 수 없기 때문이다. 고가의 화려한 물건을 탐하는 사람일수록 삶이 허허롭고 자기 안에 자신을 지탱할 근거가 부재할 확률이 높다. 사십이 되고 오십이 넘은 장년이라도 호기심이 살아있고 뭔가 하고 싶다는 욕구를 가진 이들의 눈은 살아있다. 이십의 나이지만 무기력증에 빠져 기계적인 일상으로 하루를 견디는 청년이라면 그의 눈빛은 더 이상 반짝이지 않는다.

젊은이들 중에 신용카드를 방만하게 사용하여 신용불량자가 된 이들이 적지 않다고 들었다. 자기 소득에 비해 넘치는 물건들을 일단 사고 보니 결국 감당이 안 되는 지경으로 몰리는 것이다. 이 세상에는 수많은 중독 증세가 있겠지만 '질러족'이라 불리는 현대판 중독자, 쇼핑중독자들이 요사이 자주 인구에 회자된다. 이런 신종 중독자들을 양산한 데에는 오늘 우리가 사는 세상의 분위기가 톡톡히 한 몫을 했을 것이다. 드러난 외형을 중시하는 분위기, 화려한 치장을 권하는 분위기, 어떻게든 튀어야 한다는 분위기, 소비의 미덕을 선전하는 분위기.

실은 이제 20세기의 양적 팽창의 시대를 넘어서 질적 성숙을 추구하는 문화의 시대이다. 성숙한 문화는 드러난 외피의 화려함으로 담보되는 것이 아니라 내실 있는 사유의 틀 안에서 전개되는 것이다. 자동차를 소유한 사람이 도로에서 신사적으로 움직이고 그림을 살 수 있는 사람이 화랑에서 자신의 미학에 입각한 투자를 하는 것이다. 상대적으로 자본의 소유가 적은 사람이 단지 그 이유 때문에 열등한 존재로 취급되지 않고, 비상식적인 행동을 하는 사람이 많은 돈을 가졌다는 이유로 보호받을 수 없어야 하는 것이다.

화려한 꽃에만 주목하는 것이 아니라 그 안에 내재된 실질의 면모를 들여다 볼 수 있는 눈은 고급의 문화를 향유할 수 있는 급수 높은 취향이다.

제38장

뛰어난 덕은, 덕을 내세우지 않으니 그 때문에 덕이 있고
하찮은 덕은, 덕을 잃지 않고자 하니 이 때문에 덕이 없다.
뛰어난 덕은, 무위하여 의도를 가지고 무엇을 하고자
하지 않으며
하찮은 덕은, 행하는데 그렇게 하려는 의도를 가진다.
뛰어난 인은, 행하지만 의도를 가지지 않고
뛰어난 의는, 행하면서 그렇게 하려는 의도를 가지며
뛰어난 예는, 행하는데 응답이 없으면 팔을 걷고
잡아당긴다.
그러므로 도를 잃은 다음에 덕이고
덕을 잃은 다음에 인이고
인을 잃은 다음에 의이고
의를 잃은 다음에 예다.
예라는 것은 중심과 미더움이 옅어서
혼란으로 가는 시초다.
앞서서 아는 것은
도의 꽃이며 어리석음의 시작이다.
그러므로 대장부는
후덕한 데에 처하고 옅은 곳에 머물지 않으며
그 열매에 처하지 그 꽃에 머물지 않는다.
그러므로 저것을 버리고 이것을 취하는 것이다.

서른아홉,
마지막까지 남아 있는 것

天得一而淸, 地得一而寧 : 하늘은 그 하나를 얻어 맑고 땅은 그 하나를 얻어 안정되다.

2005년 텔레비전 드라마의 톱뉴스 제공자는 단연 〈내 이름은 김삼순〉이다. 삼순이 신드롬을 일으키고 다각도의 문화코드로 그 의미분석이 이루어졌으며 파티쉐란 직업에 주목하게 되었고 시청률 또한 40%를 넘는 숫치를 기록했다. 뚱뚱하고 평범한 외모에 방금 연애에 실패했으며 나이는 서른을 넘기고 고졸에다가 집안 형편조차 불편한 여성. 오늘 한국 사회에서 절대 부각될 수 없는 이미지다. 이런 이미지는 그녀의 이름 '삼순'에 고스란히 반영된다. 드라마는 그럼에도 불구하고 삼순이 일과 사랑을 동시에 움켜쥐는 과정을 보여주며 대한민국의 수많은 삼순이들에게 꿈과 희망을 주었다. 삼순이 성공신화의 동력은 솔직함과 자신감 – 자신과 일과 사랑에 대한 – 으로 그려졌다. 이건 그렇지 못한 현실 사회에 대한 풍자이자 내세울 것 없는 보통 사람들이 현실을 잘 살아갈 수 있는 방법에 대한 제언이기도 했다.

남보다 많은 연봉을 받지 못하고 외모도 출신도 내세울 것이 없는 사람에게 자신이 갖지 못한 것에 대한 결핍감에 목말라 하기보다 자기가 갖고 있는 가능성을 돌아보라는 메시지는 진부하리만치 원론적인 이야기다. 그러나 너무나 당연한 사실을 놓치고 사는 게 우리의 일상이다. 그리고 삶의 진리가 있다면 그건 화려한 수식으로 수를 놓아 진열장 안에 가둬둔 것이라기보다 소박한 밥상 위나 침상 안에 들어있음을 알고 있다. 그러면 이제 삼순의 성공담에 통쾌해 했던 내 자신의 성공담을 만들어 볼 수 있을까.

오해의 소지가 있어 미리 밝히지만 여기서 말하는 성공이란 일등을 말하는 게 아니다, 절대로. 뭐 할 수 없이 일등이 되어버린다 해서 시비를 걸 생각은 없지만, 그 등수라는 것이 비교에서 나오는 것이고 경쟁력을 향상 시킨다는 면에서 옳지 않은 것만은 아니다. 그러나 등수에만 연연하는 지경으로 가서 내용을 살피지 않고 드러난 숫치만 밝힌다면 그건 주객전도이다.

요즘 대학의 인문사회계열 학부에서는 경영학과가 단

연 인기다. 대부분의 학생들이 그 전공을 원하고 원하는 사람이 많으니 경쟁이 심하다. 궁금한 것은 그 많은 학생들이 다 '경영'을 그렇게 좋아하는가이다. 내가 볼 때 그 중의 상당수는 자기와 어울리지 않는 옷을 입고자 하는 것처럼 보여서 안쓰럽다. 그래서 결국 고액의 연봉을 받는 자리에 간다 해서 그가 행복하게 살 수 있을지 의심스러워서 말이다. 어떤 시대든 각광을 받는 직업이 있었고 그것을 추구하는 것은 예나 지금이나 크게 차이가 없다. 그래서 이천 여 년 전의 노자도 틈만 나면 그게 너한테도 좋은 건지 자문해 보라고 주문하지 않던가. 시를 쓰고 살면 행복할 사람이 판사를 하고 산다면 금전적 여유가 있더라도 삶의 윤기를 기대하기는 어려운 일이다.

예컨대 이 시대에 철학을 선택했다면 생활의 윤택함은 포기해야 맞다. 그럼에도 불구하고 기쁘게 내 길을 갈 수 있다면 나는 내 일에서 성공했다 자부할 수 있을 것이다. 그러나 자주 불편한 생활 때문에 갈등하는 나는 아직 성공을 이야기 할 수 없는 처지다. 다 거둬내고 내가 원하는 한 가지를 선택했고 그 길을 가고 있는 스스로의 모습에 떳떳해 질 날을 기다린다. 과연 나는 삼순이처럼 씩씩하게 내 길을 지켜낼 수 있을 것인가.

제39장

옛날에 하나를 얻은 것은…
하늘은 하나를 얻어 맑고, 땅은 하나를 얻어 안정되고
신은 하나를 얻어 영험하고, 골짜기는 하나를 얻어
가득차고
만물은 하나를 얻어 생기고
후왕은 하나를 얻어 천하의 중심이 되었으니
그 하나가 그렇게 만든 것이다.
하늘이 맑지 못했다면 장차 갈라졌을 것이고
땅이 안정되지 못했다면 장차 흔들렸을 것이고
신이 영험하지 못했다면 장차 쇠진했을 것이고
골짜기가 가득 차지 못했다면 장차 말라버렸을 것이고
만물이 생기지 못했다면 장차 소멸되었을 것이고
후왕이 고귀하게 되지 못했다면 장차 쓰러졌을 것이다.
그래서 귀한 것은 천한 것을 근본으로 삼고
높은 것은 낮은 것을 기초로 삼는다.
그 때문에 후왕은 스스로를 가리켜서
외롭고, 덕이 없고, 선하지 않다고 이르니
이것이 천한 것으로 근본을 삼은 것인가, 아닌가?
그러므로 지나치게 영예를 추구하는 것은
도리어 영예를 없애는 것이니
영롱한 옥과 같이 되려고도 하지 않으며,
거친돌처럼 되고자 하지도 않는다.

마흔,
반면反面

反者, 道之動 : 되돌아 가는 것은 도의 움직임이다.

"울지마라! 지나 간다…잘난척 하지 마라! 지나 간다" 내가 좋아하는 주현아저씨가 어떤 드라마에서 친 대사 한 토막이다. 지나간다. 지나간다는 것이 삶에서 얼마나 큰 위안인지, 약인지는 살면서 저절로 이해하게 된다. 그 숨막히는 순간들이 그 부피 그대로 내 안에 쌓였다면 질식하고 말 일이었지 삶을 유지할 도리가 없었을 것이다. 어린아이 적 보다 어른이 되면서 잊고 삭히는 일이 더 힘겨워지는 것은 내가 그만큼 복잡해졌기 때문일 것이다. 세상이 떠나갈 것처럼 울어대다가 지쳐 잠이 들고 아침이 오면 어제 그렇게 서럽게 울었던 사실조차 기억하지 않고 새로운 하루를 살 수 있는 아이는 삶에 대해 바라는 것이 단순하기 때문이 아닐까. 갖고 싶은 것 하고 싶은 것 1 · 2 · 3이 명확하게 드러나 있고 그건 되거나 안 되거나 둘 중 하나라 생각하니까 되면 좋은 거고 안 되면 맘껏 울어버리고 끝낼 수 있는 명쾌함. 안될 것을 머리로 계산하면서도 미련을 버리지 못한 채 다른 방법을 생각해 보고 또 생각하며 그 굴레에서 벗어나지 못함으로써 결국 더 힘들어하는 어른들의 어리석음에 비해 정신 · 육체의 건강상 얼마나 유익한 방식인가.

나이가 들어 갈수록 일과 사랑 따위를 둘러싼 생활의 장에는 소소하거나 커다란 근심거리가 산재해 있다. 그리고 그걸 피해 살 수도 없는 일이다. 정신병을 앓고 있는 사람과 그렇지 않은 사람의 차이는 백지 한 장 차이라던가. 그 한 점을 넘으면 과대망상증이나 피해의식이나 강박증 등에 시달리며 심한 조울증 증세 같은 것을 갖게 되는 것이다. 실제로 정신병을 앓고 있는 사람들이 적지 않다. 하지만, 그럼에도 불구하고 병원치료를 받지 않고 이 세상을 살아가는 더 많은 사람들은 참으로 힘센 존재들이라는 생각이 들기도 한다. 터무니없이 약한 면도 있지만 설명할 수 없는 힘을 가지기도 한 것이 사람이니까.

반면을 생각하는 것은 고민도 많고 근심도 한두 가지가 아닌 우리네 삶을 위한 지혜이다. 우리가 어떤 고민에 빠져있을 때에는 한 가지 면에 집착한 것이 그 원인인 경우가 많다. 높지도 않은 담을 뛰어 넘을 생각을 하지 못하고 그 좁은 울타리를 뱅글뱅글 도는 생쥐나 강아지들을 보고 웃을 수만 없는 것은 거기 내 모습이 들어있기 때문이다. 잠시 숨을 고르고 위를 쳐다보면 살짝 걸어 나갈 수 있는 것을!

노자는 돌아가 보라고 이야기 한다. 그건 처음 시작했던 그 지점일 수도 있고 손바닥을 뒤집은 그 반면일 수도 있을 터이다. 그러면 내가 빠져있었던 그 문제가 다르게 보일 수 있다는 말이고 그게 문제의 해법이라는 제안이다. 진리는 간명한 데에 있다고 수많은 무림의 고수들이 조용히 울려주지 않던가. 문제가 복잡해서 헤어나지 못할수록 일단 멈춤이 필요한 법이고 그런 다음에는 본래 시작점으로, 아직 엉키지 않았던 순간으로 되돌아 가 보는 편이 현명한 방법인 것이다.

제40장

되돌아가는 것이 도의 움직임이고
약한 것은 도의 쓰임이니
천하의 만물은 유에서 생겨나고
유는 무에서 생긴다.

마흔하나,
그 사람

明道若昧, 進道若退 : 밝은 도는 어두운 듯하고, 나아가는 도는 물러나는 듯하다.

연구회 모임이 있었던 늦가을의 어느 날 약속 시간에 맞추어 나간 내게 학회의 간사께서 건네는 인사말이 "바쁘시죠?"다. "아니요." 다소 생뚱맞은 나의 대답이 대화를 멈칫하게 하면서 어색한 웃음이 오고 가는 모양이 내가 생각해도 좀 싱겁다. 그런데 사실 난 그리 바쁘지 않기도 하거니와 '바쁘다'를 입에 달고 사는 사람들이 마땅찮은 구석도 없지 않아서 왠만하면 안 바쁘다고 말하는 쪽이다. 젊은이나 나이든 사람을 불문하고 뭐가 그리 바쁜지 말 걸기가 미안한 사람들도 적지 않다. 그렇게 살아야 출세도 하고 돈도 많이 벌고 그렇기는 하겠지.

그는 누구 못지않게 바쁜 사람이다. 공적이든 사적이

든 자신과 관련된 일이라면 스스로 중심에서 그 일을 감당하는 편인데다가 거절을 잘 못하는 성격이기도 해서 연루된 모임도 한두 개가 아니다. 그러니 하루 24시간으론 턱없이 부족한 날이 태반일 터이다. 그런데 이상하게도 그 사람에게서 바쁘다는 말을 들어 본 기억이 별로 없다. 그는 바쁘지 않으니까 늘 다른 사람을 위해 자신을 나눌 준비가 되어 있는 셈이고 그 결과 그 주변에 사람이 많을 수밖에 없지 않겠는가. 자신을 찾는 사람이 있으면 잠시라도 시간을 내어서 그의 요구를 들어주는 편이다. 분명 그만한 이유가 있어서 자신을 찾았을 거라는 생각에다가 최대한 남을 배려하는 마음이 있기에 그런 행동이 가능하지 싶다. 그러니 결국 그는 항상 바쁜 사람일 수밖에 없는 셈이다.

마음이 없으면 보아도 보이지 않고 들어도 들리지 않으며 먹어도 그 맛을 모른다고 하지 않던가. 다른 사람을 위해 마음을 낼 수 있는 건 참으로 귀한 삶의 미덕이다. 이는 사무적이거나 필요에 의해 시간과 관심을 쪼개는 것하고 질적으로 다른 사귐이다. 그러니까 사진 찍기 위해 사람들과 악수를 나누고 꼭 그만큼에서 끝나는 만남과 달리 마음으로 나누는 교류는 사람 사이의 내밀한 소통을 이끌어주는 삶의 위안이다.

겉모양은 세련된 스타일을 미덕으로 지니지 못하고

오히려 다소 투박한 모습을 한 사람이지만 다른 이의 자존심을 챙겨줄 수 있는 그는 참으로 멋진 사람이다. 사람을 가려 대하는 일반적인 틀에서도 자유로운 사람이라 아랫사람을 대하는 품이 더 넉넉하다. 영양가를 따져 사람 대하는 수위를 조절하는 법이 없으니 때로 오해를 산 일도 없지 않을 것이고 그런 성향이 더 좋은 자리로 올라서는 데에 결점으로 작용했을지도 모른다. 그럼에도 불구하고 마음을 나눌 줄 아는 그는 누구보다 훌륭한 이 시대의 리더이다. 우리시대의 리더는 소통의 힘으로 두루 포용할 수 있는 품을 가진 사람이어야 한다. 그는 노자의 메시지를 잘 알아듣는 사람이기도 하다.

제41장

뛰어난 선비는 도를 들으면 부지런히 행하고
보통 사람은 도를 들으면 담아두기도 하고 잃어버리기도 하는데
별 볼일 없는 사람은 도를 들으면 크게 웃으니,
크게 웃지 않으면 도가 되기에 부족하다.
그래서 다음과 같은 말이 생기에 되었다.
밝은 도는 어두운 듯하고
나아가는 도는 물러나는 듯하며
평평한 도는 깊은 웅덩이와 같고
최상의 덕은 골짜기와 같으며
아주 흰 것은 더러운 것 같고
넓은 덕은 부족한 듯하며
우뚝 선 덕은 특별하지 않은 것 같고
진솔한 진실은 틀린 것 같으며
큰 모서리는 모퉁이가 없고
큰 그릇은 늦게 이루어지며
큰 소리는 들리지 않고
큰 형상은 드러남이 없으니
도는 이름 없는 곳에 숨었으나
도는 잘 빌려주고 또 잘 이룬다.

마흔둘,
바리공주의 품

強梁者不得其死 : 강하고 굳세기만 한 자는 옳게 죽지 못한다.

먼 옛날 이 땅 어느 곳에 불라국이라는 나라가 있었다. 이 나라를 다스리던 오구대왕이 왕비를 구하기 위해 온 나라를 뒤진 끝에 찾아 낸 여인이 아름다운 길대부인이었다. 바리공주는 오구대왕과 길대부인 사이의 일곱 번째 딸이다. 첫눈에 반한 부인에게서 고대하던 아이가 태어난 것은 혼인 후 몇 해가 지나서라는데 사랑하는 부인에게서 얻은 귀하디귀한 자식인지라 오구대왕은 딸을 애지중지 사랑 하였다. 그러나 첫 딸 다음 연이어 딸 딸 딸만 생산되자 성격 급한 오구대왕은 더 이상 견디지 못하고 아비로서 차마 해서는 안 될 일을 저지르고 만다. 일곱 번째 태어난 딸을 내다 버리라는 명령을 내렸던 것이다. 그렇게 바리공주는 자신을 있게 한 아버지로부터 버림받는 운명을 지고 태어났다.

 함에 넣어져 바다에 버려진 바리는 흘러 흘러가 어느 노부부의 손에 맡겨진다. 할머니 할아버지의 보살핌으로 어여쁘게 자라난 바리가 자신의 근본을 궁금해 할 정도로 성장했을 때 오구대왕은 병석에서 사경을 헤매고 있었다. 그가 소생할 수 있는 길은 서천서역을 지나 저승 깊은 곳 동대산 동수자의 약수를 먹는 방법 단 한 가지. 부모 슬하에서 애지중지 유복하게 자란 여섯 공주 누구도 자신의 생명을 내 놓고 험한 길을 다녀올 마음을 내지 못했다. 어찌어찌 바리를 수소문한 길대부인은 저린 마음으로 떠나보내야 했던 핏덩이가 이제 어엿한 소녀가 되어있음을 확인 한다. 지난 잘못을 뉘우치는 병든 아버지의 모습을 보면서 바리는 결심한다. 아버지를 살리기 위해 길을 떠나겠다고.

 온갖 고난을 몸으로 받아 이겨내고 저승에 이르러 동수자의 아이 셋을 낳은 끝에 드디어 바리는 아버지를 살릴 약수를 구한다. 이번에는 아이 셋까지 데리고 갔던 길을 되돌아 불라국에 이르니 때는 봄인데 논일을 하는 농부들이 모여 오구대왕의 상여가 나간다는 이야기를 쑥덕이고 있는 거다. 한달음에 달려가 상여로 나가는 아버지의 관 뚜껑을 열고 아버지에게 약수를 먹이니 오구대왕이 숨을 몰아쉬면서 눈을 번쩍 뜨면서 일어났다는 이야기!

사람이 다른 사람에게 버림받는 것보다 더 아픈 일이 있을까. 그것도 자신의 근원인 부모로부터 버림을 당한 이의 심정은 어떠하겠는가. 그러나 그렇게 자신을 버린 아버지를 결국엔 용서하고 그 아버지를 아버지로 받아들인 바리의 품. 그 품 때문에 아버지는 자신의 과오를 뉘우치게 되었으며 자신의 생명을 구하게 되었다. 얼마나 위대한 화해인가.

어떤 문제에 직면하였을 때 누군가 먼저 다른 사람을 포용하지 못하고 서로 팽팽하게 대치한다면 그 관계는 그쯤에서 머물거나 서로에게 상처를 남긴 채 끝나고 만다. 그렇지 않고 어느 한 쪽이 상대의 입장을 받아들인 다음 상대도 그의 품을 이해하고 자신의 마음을 오롯이 내 놓을 수 있게 되면 결국 서로가 화해하고 더 좋은 관계로 발전할 수 있다. 그렇다고 우리가 바리공주와 같은 극한 상황에서의 어려운 결단을 그대로 따라할 수는 없는 일이다. 다만 자신에게 주어진 어려움을 스스로 극복하면서 그럼에도 불구하고 사랑이란 이름으로 고난의 원인 제공자를 받아들일 수 있었던 품. 그런 품이 지닌 힘은 완력과 비교할 수 없는 깊이를 지닌다는 사실을 기억하다 보면 혹시 나도 노자가 말했던 '받아들일 수 있는 마음'을 흉내 낼 수 있지 않을까.

제42장

도는 하나를 낳고
하나는 둘을 낳으며
둘은 셋을 낳고
셋은 만물을 낳는다.
만물은 음을 등지고 양을 품어
그 가운데 기운을 조화롭다 여긴다.
사람들이 싫어하는 것은
오직 외롭고 덕이 부족하며 선하지 않은 것이나
왕공은 그것으로 칭한다.
일이란 혹 덜어내려 하지만 더해지고
혹 더하고자 하지만 덜어지는 법이다.
다른 이를 가르칠 때에는
또한 이 뜻으로 가르쳐야 할 것이다.
강하고 굳세기만 한 자는 제대로 죽지 못하나니,
나는 이것을 배움의 근본으로 삼을 것이다.

마흔셋,
틈이 없는 틈

無有入無間 : 형체가 없는 것은 틈이 없는 곳으로도 들어가니

오늘은 늦가을과 초겨울이 겹쳐있는 십일월의 어스름. 하루 종일 안개가 드리우고 오후 한때 잠깐 비가 스치기도 했다. 마치 십여 년 전의 어느 겨울 날, 독일 여행 중의 그날과도 같이 온 하루 안개 드리운 날이었다. 다른 점은 그때는 아직 생에 대한 궁금증이 더 많은 시절이었다면 그로부터 십 여 년을 더 살아버린 지금은 앞으로의 생을 어렴풋이 그려볼 수 있는 나이가 되었다는 것이다. 그렇다면 혹 십년 뒤의 내게 생이란 이제 그려볼 필요조차 없는 대략 지루한 일상으로 다가올 것인가.

어떤 물건이나 현상이 과거의 어느 날을 고스란히 기억하게 하는 때가 있다. 그건 기시감과 다르게 현실의 경험을 반추하게 하는 계기이다. 오후가 되기까지 안개 드

리웠던 오늘의 산책길에는 불현듯 십 여 년 전의 어느 날을 추억하게 하였다. 앞날에 대한 기다림이나 희망 대신 기억하거나 추억에 잠기는 일이 더 많아질수록 그만큼 나이를 더 쌓아두었다는 말이다. 노인들의 모습이 다소 서글프게 감지되면서 한편으로 그리 낯설지만은 않게 느껴지는 것 역시 청년기를 넘어섰다는 징후이다.

더 이상 가슴이 뛰지 않는다는 것은 진짜로 노인이 되었다는 증거임에 틀림이 없다. 그게 연인이든 삶에 대한 호기심이든 가슴 쿵쾅이는 동기가 더 이상 생겨나지 않는다는 건 노화에 대한 자기 확인이다. 물론 이게 모두 나이로 결정 나는 일은 아니다. 일반적으로는 나이와 비례하여 담담하다 못해 무덤덤한 경지로 나아가는 수순이 보통이겠지만, 청년 같은 노인이나 노인 같은 청년도 드물지 않게 발견되니까.

내 경험에 의하면 두루 삶에 대한 호기심이 강한 사람이 사람에 대한 관심도 성한 편이다. 특히 이성에 대한 관심은 그 사람의 나이를 초월하여 그에게 생동감을 준다. 〈죽어도 좋아〉라는 영화에 나오는 노인의 사랑을 보더라도 알 수 있는 것처럼. 한 평이나 될까싶은 조그마한 거리의 간이상점에서 하루 종일 같은 자세로 뻔한 물건을 돈과 교환해 주는 것이 활동의 전부인 노인은 박제와 같은 일상을 산다. 앞으로 남은 생이 그리 많지 않을 노인의 삶은 그런 식으로 흘러가버릴 수도 있는 일이었다. 그러던 노인이 한 할머니를 만나 사랑을 하게 되고 달력에다 서로 사랑했노라는 기록을 표시하며 달떠있는 모습이라니. 기가 막힌 반전이다. 이제 노인의 일상은 더 이상 박제처럼 느껴지지 않았으며, 앞으로 남은 날이 얼마일지 몰라도 오늘 충분히 행복한 웃음을 웃을 수 있다. 젊은이들과 다르지 않은 연인과의 애틋한 교류와 갈등을 소유한 남자가 된 것이다.

사랑. 어떤 남자와 어떤 여자가 만나 서로 사랑을 한다. 불가해한 힘에 이끌려 그들은 서로를 원한다. 될 수록 많은 것을 공유하기를 원하고 타자로부터 독립된 그들만의 공간을 꿈꾼다. 이들의 사랑이 지닌 에너지는 그들의 생활 전체에 관여한다. 그들의 사랑이 주는 공중부양과 같은 아찔한 감동이 삶의 활력으로 전화된다.

사랑. 그건 어떤 수사나 술어로도 분명하게 정의하기 어려운 무엇이다. 사람마다 자신의 경험으로 말하기도 하거니와 게다가 그것을 표현하는 방식이나 받아들이는 폭이 다르기 때문이다. 그것은 드러난 형체가 없어서 보이지 않고 손으로 잡을 수도 없지만 분명하게 상대의 마음과 머리와 몸으로 전달되어 온 몸에 꽉 채워진다.

제43장

세상에서 가장 부드러운 것이
세상에서 가장 단단한 것을 부린다.
형체가 없는 것은 틈이 없는 곳으로도 들어가니
나는 이로써 무위가 유익하다는 것을 알겠다.
말 없는 가르침과 무위의 유익함은
천하에 도달할 수 있는 자가 드물다.

마흔넷,
욕심

得與亡孰病 : 얻음과 잃음 중 어느 것이 더 근심스러운가?

불가에서는 '가지고 싶은데 얻지 못하는 것'이 인간의 생을 고해이게 하는 이유 중 하나라 했다. 인문학적으로도 물리학적으로도 적절한 해석이 가능해서 내 마음에 꼭 드는 남자 하나 곁에 있었으면 좋겠고, 생활의 안정을 보장하는 철밥통도 하나 얻었으면 싶은 원대한 포부에서부터 최신기종의 디지털 카메라나, 물 좋은 스포츠센터의 회원권이랄지 듬직한 사륜구동의 자동차 같은 물건들, 혹은 내가 쓴 글이란 사실 하나로 신뢰해 주는 편집자나 독자를 갖는 것, 나의 논문이 헛된 글장난에다 사색덩이에 그치는 것이 아님을 보증해 주는 학문적 성취, 내 강의가 의미 있다고 진지하게 생각하는 학생을 바라는 소망에 이르기까지 헤아리다 보면 도대체 한 인간이 지닌 욕망의 끝이 어디일지 가늠하기 어려울 지경이다. 욕망은 무한한데 현실적 성취는 보잘 것 없음으로 인해 느껴야 하는 결핍증은 누구라도 비켜갈 수 없다. 나보다 잘나서 비교적 더 가진 사람은 적지 않지만 그래도 그가 원하는 것을 모두 다 소유할 수 있는 인간은 우주 안에 존재하지 않는다. 그러니 인생은 고해인 것이다.

더 문제는 원하던 어떤 것을 소유한 다음의 심리상태이다. 그것은 원하던 것을 갖게 되었다는 만족감을 충분히 누리기도 전에 다른 데로 시선을 돌린다거나 자기가 가진 것을 지키기 위해 급급해야만 하는 상황과 마주하게 된다는 점이다. 끝임 없이 진화하는 신기종의 핸드폰을 갖기 위해 자신의 얇은 주머니를 다 털고도 모자라 가능한 모든 자금줄을 동원해야 하는 청소년들. 수단과 방법을 가리지 않고 잡은 그 자리를 지키기 위해 수단과 방법을 가리지 않는 어른들. 이쯤 되면 무엇을 얻는다는 것도 얻지 못하거나 잃어버리는 상실감 못지않은 골칫거리가 될 수도 있다.

잃어버리고 나서야 그것의 소중함을 깨닫는 나는 참으로 어리석다. 권태롭기까지 한 일상의 안온함이 감사할 일이라는 것은 그 하찮은 일상의 일들을 할 수 없는 지경에 이르면 누가 일러 주지 않아도 절실히 느껴진다. 아침에 일어나 부담스럽지 않은 식사를 하고 밀린 글을 쓰거나 책을 읽고 강의실에서 학생들을 만나는 틈틈이 지인들과 통화를 하거나 혼자 멍청하게 차를 마시기도 하고 저녁약속을 할 수 있는 그런 아무렇지도 않은 날들의 소중함. 사람이 사는 세상에서 일어날 수 있는 어떤 일에서도 자유스러울 수 없는 것이 사람들인지라 불현듯 아무런 예고도 없이 찾아오는 각가지 '사고'들은 일상의 고요함을 가차 없이 채가 버리지 않던가.

어느 날 어처구니없는 교통사고라도 당해 꼼짝없이 병원에 갇혀있다면, 내가 이미 가지고 있는 것들의 소중함을 분명히 알게 되고 그것들을 잘 보듬어 안는 일이 다른 어떤 생산적인 일에 못지않은 가치가 있음을 가슴으로 뇌이게 될 것이다. 그런데 다행하게도 중상은 아니라서 서서히 몸이 회복되는 것과 함께 이번에는 병석에서 마음으로 깨달았던 것들이 점차 희미해져 간다. 망각이라는 것이 어떤 때는 약이 되기도 하건만…… 요는 지금 내가 가진 것들을 잘 갈무리 하는 일이 요긴한 일이라는 사실. 방안을 흘낏 돌아보니 세삼 내가 가진 것이 많다는 걸 알겠다.

제44장

이름과 몸 중에 어느 것이 더 가까운가.
몸과 재물 중 어느 것이 더 중한가.
얻음과 잃음 중 어느 것이 더 근심스러운가.
이런 까닭에 지나치게 아끼면 반드시 큰 손실이 있고
많이 간직하면 반드시 크게 잃게 된다.
만족을 알면 욕되지 않고
멈출 것을 알면 위태롭지 않아서
길고 오래 갈 수 있다.

마흔다섯,
감동이 있는 이야기

大成若缺 : 크게 이룬 것은 결함이 있는 듯하다.

알리바이가 너무 완벽한 용의자는 수사관들의 구미를 당기는 요주의 인물이기 십상이고, 기승전결이 너무 완벽한 이야기는 감동하기 어렵다. 원래 사람이란 존재가 자로 잰 것 같은 삶을 살 수 없지 않던가. 때론 어처구니없이 비논리적이기도 하고 때론 상식 이상으로 깍듯할 수도 있으며 같은 일이지만 감정의 기복에 영향을 받기도 하는 것이 보통사람들의 살아가는 모습이다. 그런 사람의 삶을 반영하지 못하는 이야기에 감동할 수는 없는 일이다.

지난 주말엔 한 공중파 방송 창사기념 다큐 프로그램에서 〈노인들만 사는 마을〉을 보여주었다. 전라남도 고흥의 예동 마을은 마을 주민 37명 중 35명이 65세 이상의 노인이란다. 65세의 남자와 59세의 여자가 그 마을의 최연소 남녀라 하고 평균 연령은 아마도 70을 넘나들 터이다. 그들의 2세들은 모두 도시로 나가고 마을에는 노인들만 오롯이 남아있다. 젊은이들이 농촌에서 살려고 하지 않고 노인들은 자식들이 사는 도시에서 버틸 수 없으니 결국 농촌엔 노인들만 남아있을 수밖에 없는 오늘의 현실이 극명하게 반영된 마을이다. 방송은 이 마을의 사계절을 카메라에 담았다.

아마 이 프로그램을 만든 제작자들은 노인들의 일상을 담아 낸 화면을 통해 시청자가 챙겼으면 하는 몇 가지 의도를 가지고 있었을 것이다. 그것은 오늘 한국사회의 농촌문제일 수도 있고, 가족이라는 화두일 수도 있다. 여하튼 자기주장을 강하게 들이 밀지 않는 다큐 프로그램일수록 보는 사람이 다양한 측면에서 바라볼 수 있도록 하는 미덕이 있다. 나로서는 이 화면을 통해 사람의 일생에 대해, 인간의 삶 전반에 대해 살펴보게 되었다.

반 이상이 독신이고 부부가 해로하는 경우는 손에 꼽을 정도인 것 같으니 그야말로 늙고 외로운 처지의 노인들이 여전히 힘닿는 대로 논밭을 일구며 살고 있었다. 고만고만한 욕심과 엇비슷한 심술, 또 그 보다 훨씬 큰 화해를 바탕으로 보통의 삶을 살아왔고 여전히 땅을 지키는 사람들. 자신의 안락을 위해 남을 이용할 줄 모르는 삶. 도회풍의 세련됨이나 지적 기반 혹은 반반한 이력을 갖추지 않은 왜소한 프로필. 그럼에도 불구하고 그저 한촌로로 늙어가는 할머니 할아버지들이 참으로 크게 느껴졌다.

자기 앞에 주어진 삶에 최선을 다하고 최소한으로 가진 사람들의 옹색한 살림과 주름진 손이 참으로 떳떳해 보였다. 나도 힘자라는 만큼 내 앞에 놓인 삶에 그토록 진솔하게 비껴가지 않고 마주할 수 있을까. 아! 정말 그럴 수 있을까.

어떤 성공신화의 주인공 보다 더한 감동적인 이야기가 그저 땅과 함께 이 세상을 오래 지킨 할머니 할아버지들의 삶 속에 들어있었다.

제45장

크게 이룬 것은 결함이 있는 듯하나
그 쓰임은 다함이 없다.
크게 채워진 것은 마치 빈 것 같지만
그 쓰임은 끝이 없다.
큰 곧음은 굽은 듯하고
큰 솜씨는 서툰 듯하며
잘하는 말은 더듬는 듯하다.
움직여서 추위를 이기고, 고요함으로 더위를 이기니
맑고 고요해야 천하의 모범이 될 수 있다.

마흔여섯,
중독에 관하여

禍莫大於不知足 : 화는 족함을 알지 못하는 것보다 큰 것이 없다.

사용 전, 사용 후 혹은 시술 전, 시술 후의 판이한 모양이 사람들을 혹하게 하고 저거 한 번 먹어 봐야 하는 거 아닌지 술렁이게 한다. 머리숱이 부족한 사람들, 감량이 필요한 사람들, 뱃살을 줄이고픈 사람들, 가슴을 부풀리고 싶은 사람들. 지금 자신의 모습에 자긍심을 가진 아주 특별한 경우를 제외하고 보통의 우리들이라면 누구라도 감추거나 바꾸고픈 몇 군데 신체부위를 가지고 있기 마련이다. 용기를 내서 칼을 대는 사람도 있지만 대부분은 그래도 내 것이니 어쩌랴 체념하며 살지만 말이다. 그런데 이런 생각은 이미 구세대를 증명하는 발상인지도 모른다는 생각이 들기도 한다.

며칠 전 내 인터넷 초기화면으로 되어있는 포털 사이

트 화면을 커다랗게 장식했던 유명 탤런트의 이른바 전후사진. 예의 그 수술전후 사진이겠거니 하며 기사를 살피지 않고 넘어갔는데 뒤에 들으니 그 사진은 수술 후와 그 이후의 사진이었다는군. 예쁘게 마감될 줄 알았던 얼굴이 수술 후의 후유증으로 엉망이 되어버린 한 연예인의 딱한 처지가 그토록 노골적으로 드러날 수 있다는 데에 뒤늦게 다시 한 번 놀란다. 뭐 그 정도로 쇼킹한 사건이라면 부지기수로 열거할 수 있겠지만. 암튼 화면에 얼굴을 내비치는 사람들치고 자연산 얼굴을 그대로 갖고 있는 건 매우 희귀한 경우에 속한다는 것은 이미 상식이 되어버렸다. 연예인이 아니라도 남녀를 불문하고 이미지 개선을 위한 성형은 선택적 필수라고 말하는 사람들도 주변에 널려있다.

내 방 구석구석엔 몇 년 전 베트남 여행에서 구해 온 엽서들이 여러 장 붙어있다. 아이를 업은 젊은 엄마, 시장에 나온 처녀들, 방금 결혼 한 신부, 어스름 저녁에 러브마켓으로 몰려오는 청년들. 내게 아름답다고 뽑힌 인물들이다. 성형외과적 아름다움과는 차원이 다른 아름다움임은 물론이며, 이제 내가 사는 고장에선 찾아보기 어려운 모습들이기도 하다. 내가 헛된 욕심에 허덕이는 어느 순간 그들의 눈을 마주하면서 많은 이야기들을 들을 수 있는 그런 건강한 얼굴들이다.

홀릭. 그게 러브홀릭이라 해도 참으로 버거운 현상이다. 중독이라 하면 맨 먼저 마약이 연상되는 건 그 극한적 이미지 때문일까. 자본이 넘실대는 현대로 올수록 중독되는 대상도 다양해진다. 성형도 중독이 된다지 않은가. 눈을 고치고 나면 턱을 좀 깎으면 좋겠고 그 다음엔 코를 살짝 높여보고 싶고, 아무래도 입술을 좀 손봐야 하겠고. 그런 다음에도 도무지 만족할 수가 없어서 다시 눈부터 시작해서 차례로.

내가 촌스러운 사람이라 그런지 아무리 잘된 성형이라 해도 그렇게 만들어진 아름다움에는 감동할 수가 없다. 몇몇 예외의 경우를 빼고는 주어진 조건을 최대한으로 이용하는 편이 훨씬 경쟁력이 있다고 믿는 편이다. 이건 내가 노자의 생각과 닮아있는 지점이라 자평한다. 여기에 줄 설 사람이 절대 다수일 거라 믿어지지는 않지만.

제46장

천하에 도가 있으면
잘 달리는 말을 버리고 밭을 일구고
천하에 도가 없으면
군마가 전쟁터에서 새끼를 낳는다.
화는 족함을 알지 못하는 것보다 큰 것이 없고
허물은 얻고자 욕심내는 것보다 큰 것이 없다.
그러므로 족함을 아는 것으로 만족하면 항상
만족스러울 것이다.

마흔일곱,
진정 통했다면

不出戶, 知天下 : 문을 나가지 않아도 천하를 안다.

어떤 경우라도 완전히 나쁘기만 한 상황은 없다고 했던가. 불안정한 나의 생활 이면에는 출퇴근의 약속에서 벗어나 있다는 자유로움이 있다. 주말이나 휴일도 아닌 날에 하루 종일 집안에 머물 수도 있고 거리의 이곳저곳을 산책할 수도 있으며 강의가 없는 날이라면 훌쩍 어디론가 떠나도 그만이다. 피할 수 없으면 즐기라는 말에 충실히 난 내게 주어진 조건을 최대한 활용하자 맘먹으며 살고 있다. 이제 강의를 시작한 지 십여 년 정도 되니까 정처 없이 살아온 날도 그 정도 될까.

대체로는 집안을 지키는 쪽 보다는 밖으로 나다니는 편을 택하며 살아왔던 것 같다. 대학의 공동 연구실이나 도서관 또는 지역의 도서관을 중심으로 하면서 때론 흐

드러진 꽃길을 걷는다거나 평일에도 사람들로 붐비는 명동 거리에서 혹은 홍대 앞이나 이대 앞의 상점들 사이에 내가 있었다. 여름 비 맑게 내리는 날엔 학부 졸업 무렵 세상을 떠난 나의 친구가 다녔던 여대 안을 서성이고 있다거나 씨네큐브에서 같은 영화를 두 번째 보고 있는 날도 있었고 나처럼 자유롭게 지내는 친구와 살아가는 이야기를 나누고 밥을 먹기도 했다. 오후에 운동하러 가서는 정기적으로 만나는 그러나 그 이상의 관계가 아닌 사람들과 가벼운 대화를 나누기도 했을 것이다. 말간 정신으로 한 술 하는 사람들의 술자리를 같이 지키는 일도 나름의 재미가 있는 일이다. 떠들썩하지는 않지만 조용히 그러나 쉼 없이 움직이며 나는 나의 자유로운 일상을 누렸던 것 같다.

그런데 최근 이 개월간은 대체로 집안에서 많은 시간을 보내는 중이다. 운동을 하거나 가끔씩 있는 약속 혹은 강의를 위한 외출을 제외하고는 집안에서 책을 보고 글을 쓰고 음악을 듣거나 인터넷 서핑을 하고 청소를 하면서 거의 온 종일 한 마디의 대화 없이 지내는 날도 있을 정도이다. 한 자리에 머무는 것이 지루해서 뛰쳐나가지 않으면 안 되었던 날들이 많았지만 그렇게 다녀 보아도 별 게 없다는 걸 이미 알아버려서일까. 나의 준칩거 생활이 그리 오래가지 않을 것을 스스로 알고 있지만 그럼에도 불구하고 이 시간들을 아끼고 싶다.

두루 통해 있는 것. 어디에도 있는 것. 가만히 그 끝을 만지면 다 끌어올려지는 것. 그런 건 분명히 있다고 믿는다. 그러니까 면벽수도 하는 수도자가 아니어도 가끔은 내가 맺고 있는 관계들이나 하고 있는 일을 내 안에서 가만히 들여다보는 시간을 가져보는 것이 필요한 거다. 살아가는 데 필요한 것은 아주 조금이라 했던 레비스트로스의 말이 아니어도 수식 걷어내고 삶에서 정말 소중한 것이 무엇인가 따져보면 보잘 것 없이 작은 것이 건져지지 않던가. 겨울날 노점상 노인이 건네는 투박하고도 따스한 인정은 보잘 것 없는 것일지라도 삶과 관계에서 보석과도 같은 교훈이 되는 법이다.

제47장

문을 나가지 않아도 천하를 알고
창문을 엿보지 않아도 천도를 안다.
멀리 나가면 나갈수록 아는 것은 점점 적어진다.
이 때문에 성인은 돌아다니지 않아도 알고
보지 않고서도 이름을 알며
작위하지 않고서도 이룬다.

마흔여덟,
덜어내는 것은 어려워!

爲道日損 : 도를 따른다는 것은 날마다 덜어내는 것.

미혼으로선 엄청난 나이를 갖고 있는 나는 본의 아니게 민폐를 끼치는 일들이 생긴다. 이젠 결혼 같은 것과 연관된 관심으로부터 다소 자유로워질 법도 하건만 아직 포기하지 않은 분들이 계시다. 그러니 가끔 사람을 만나 보라는 권유를 받는다. 중이 제 머리 못 깎는다는 속담을 충실히 보여주는 나인지라 당연히 불감청이언정 고소원이라. 다양한 직종의 얼굴만큼 각가지 취향을 가진 사람들을 만나 보았고 최근엔 요즘 트렌드라는 연하남도 등장해 주시고 나로선 두루 고마운 일이 아닐 수 없다.

그럼에도 불구하고 경험 있는 사람들은 알겠지만 그 대부분은 감흥이 오지 않는 만남이기 십상이다. 그래도 낯선 사람을 만나 익숙하지 않은 시간을 공유한다는 것이 재미없기만 한 일도 아니다. 그러니까 별다른 진전이 없더라도 나름대로 의미 있는 시간이 될 수 있는 거다. 허나 예외 없는 법칙은 없지 않던가. 최근 최악의 만남은 뱃살 지방 흡입 시술을 받았노라는 재밌지 않은 고백을 농담처럼 호탕하게 해 주었던 아저씨. 나하고 동갑이라니까 바로 저 모습이 내 또래의 모습이려니 생각이 들면서 온 몸에 힘이 빠졌던가.

결혼은 어렸을 때 그러니까 생각이 적고 용기는 팽배할 때 해치워야 한다는 말이 진리에 가깝다. 사람이 나이 들어가는 징후 중 하나가 생각의 둘레가 넓어진다는 것인데 그게 사유의 깊이를 말해준다는 측면에서 장점이라 하겠지만 예컨대 결혼 상대자를 구하는 일 같은 데에서는 완전 걸림돌이다. 자기 스스로도 해독 불가한 시점에서 다른 사람을 바라보아야 하고 그를 나와 같은 현실의 공간 안에 세우는 일을 감행한다는 것은 참으로 난감한 일이 아닐 수 없기 때문이다. 게다가 무모한 용기 같은 걸 지니고 있지도 않으니 말이다.

평생의 반려를 구하는 일은 매우 중요한 인생의 사업이고 그러니 신중히 선택해야 할 일임은 물론이다. 그러나 어떤 결정도 그런 것처럼 생각이 너무 많아지다 보면 아무 것도 선택하지 못할 확률이 높다. 결혼 상대를 선택하는 일이라면 그를 사랑하는가 아닌가 혹은 현실적으로 무리 없는 만남인가하는 식의 한 가지 문제를 놓고 예스와 노 중에 하나를 뽑는 것이 아닌 한 일이 점점 복잡해지면서 미로에 들게 되어 있다. 생각이 많아서 미리부터 앞으로 닥칠지 모를 일을 근심하고, 아는 것이 많으니 사람이고 생활이고 뻔히 다 보이고, 게다가 스스로의 힘이 별반 없음을 자각하는데다가 가슴은 차갑기만 하다면 말이다.

현명한 사람이라면 다 덜어내고 걷어버린 다음 마지막으로 남는 한 가지를 두고 결정을 할 것이다. 살아가는데 요긴한 것의 수효가 그리 많지는 않은 법이니까. 그리고 그 하나가 충족되면 다른 문제들을 헤쳐 나갈 동력을 얻게 되는 것이니까. 이것저것 많은 물건들을 가지고도 정작 필요한 때에 찾아낼 수가 없어서 못쓰고 마는 일들이 심심찮게 있지 않은가. 양적 축적은 그것을 사용할 수 있는 기틀이 마련된 후에야 진가를 발휘할 수 있다. 우리가 받았던 교육도 주로 더해서 소유하는 것이었지 덜어내는 방식에 대해 배웠던 기억은 별로 없다. 쌓은 것을 제대로 사용하기 위해 이번엔 덜어내는 법을 배울 차례가 아닐까. 다음에 또 기회가 있다면 생각도 근심도 다 덜어내고 남는 한 가지만 가지고 그 사람을 바라 볼 수 있을지를 실험해 봐야겠다. 여하튼 여전히 나의 결혼 사업에 관심을 가져주시는 여러분들, 감사합니다. 꾸벅.

제48장

배운다는 것은 날로 더하는 것이고
도를 따른다는 것은 날로 덜어내는 것이다.
덜어내고 또 덜어내어 무위에 이르면
무위하되 하지 못하는 것이 없게 된다.
천하를 얻고자 하면 항상 헛된 일을 만들지 말아야 하니
헛된 일을 만들기에 이르면
천하를 얻기에 부족하다.

마흔아홉,
원하는 것과 옳은 것

聖人無常心, 以百姓心爲心 : 성인은 정해 놓은 마음이 없고 백성의 마음으로 마음을 삼는다.

이 세상에는 두 종류의 사람들이 있다. 원하는 삶 쪽에 무게를 두는 사람과 옳은 삶 쪽에 맘을 기울이는 사람. 첫 번째 부류에게서는 왠지 자유로움이 베어나고 달달한 향기가 풍기는 반면 두 번째 부류들은 비장함이나 칼날 같은 단호함 등 서늘한 기운을 느끼게 한다. 조선시대의 선비들은 아마 두 번째 부류의 이미지를 대표하는 그룹이지 싶다. 그게 그리 나쁜 평판은 아니더라도 조선시대 유학자들에 대한 평가는 상당부분 과장이나 왜곡된 형태로 알려진 경우가 많다. 고지식하고 타협을 모르며 딱딱해서 여지가 없는 고집쟁이들. 그런 성향은 그들이 추종했던 학문의 고루함에서 왔음을 의심하지 않는 경향. 물론 유학은 옳음의 문제를 따지는 사유라는 점에서 냉정한 측면이 있다. 그런데 나는 어떤 사유를 선택한 사람들이라도, 예컨대 그가 유가이든 도가이든 불가이든 간에 고수가 되면 상통한다는 것을 믿는 편이다. 삶의 진리는 복잡한 데에 다기多岐한 형태로 존재하는 것이 아니지 않은가.

조선시대의 대표적 유학자인 이황선생은 한 시대를 풍미하는 정치가이자 학자의 위치에서 삼십대 소장학자의 문제제기를 겸허하게 그리고 진지하게 받아들이고 여러 해에 걸쳐 논쟁을 했다. 조선시대 사상사의 빛나는 사건 중의 하나인 사단칠정논쟁이 바로 그것이다. 장유유서라는 것이 일방적인 상명하복의 문화가 아님을 보여주는 일이기도 하며 500여년을 지지했던 사상이나 역사가 간단하게 이루어지지 않았음을 보여주는 우리 역사의 자부심이기도 하다. 성리학 골수인 이황이 자신의 며느리를 개가하도록 조처했다든지 하층계급의 제자를 받아들였다는 식의 일화는 유학적 옳음의 선택 방식 안에는 인간이 들어 있으며 따라서 칼날과 같이 차가운 방식만은 아님을 반증한다. 이는 그 옛날 맹자가 형수가 물에 빠졌을 때 어찌할 것인가를 묻는 냉소적 질문에 대해 수숙 간에 손을 잡지 않는다는 규범이 중요하지만 그것이 인간의 생명에 앞서는 가치는 아니니 당연히 얼른 구해주어야 한다고 대답하였던 것은 권도權道의 전통에 따르는 행동이었을 것이다. 권도는 저울에 달듯이 헤아려 보고 선택하는 방법이다. 물건의 무게에 따라 추의 무게를 달리해야 하는 것처럼 그 상황에 맞게 저울질하여 적절한 대응방식을 찾아내는 것이 권도이다. 그러니까 유학자들에게 유연성이란 반드시 갖추어야 할 덕목인 셈이다.

그럼에도 불구하고 옳은 것이 무엇인가, 어떤 것이 공정한 것인가를 헤아려 보는 것을 중요시했던 유학자들에게는 자유로운 삶 보다는 정직한 삶에 주목해야 한다는 태생적 한계가 있다. 허나 공자가 궁극적으로 종심소욕불유구從心所慾不踰矩(마음이 하고자 하는 대로 따라 해도 법도를 넘지 않는다)의 자유로운 경지를 추구했던 것은 노자의 무위나 장자의 소요와 크게 다르지 않은 것 같다. 나를 포함한 설익은 먹물들은 통상 원하는 삶을 주류로 깔면서도 옳은 삶을 못내 지우지 못하는 데에서 수많은 갈등상황과 조우한다. 그래도 2번을 완전히 지워버리지 않은 탓에 한번 씩 브레이크를 잡을 수 있는 것이고 더 나쁜 상황으로 떨어지지 않을 수 있을 것이다. 1번에도 2번에도 완전히 속할 수 없으니 두말 필요 없는 회색인이지만 그럼에도 불구하고 난 앞으로도 줄곧 이 길 위에 서 있을 거라 예상한다. 고수들의 향연을 먼발치로 구경하면서.

제49장

성인은 정해놓은 마음이 없고
백성의 마음을 자신의 마음으로 삼는다.
선한 사람은 나도 선하게 대하고
선하지 않은 사람도 나는 또한 선하게 대하니
선을 얻는다.
미더운 이는 나도 미덥게 대하고
미덥지 못한 사람도 나는 또한 미덥게 대하니
미더움을 얻는다.
성인이 천하에 있을 때에는
자신을 줄이고 천하를 위해 자신의 마음을 섞는다.
백성은 모두 그에게 이목을 기울이나
성인은 모두를 어린아이로 대한다.

원,
우산과 자살

出生入死 : 세상에 났다가 죽음에 이르는 일

성년을 넘어 선 누구에게라도 스무 살의 추억이 있는 것처럼 나의 이십대는 푸릇함과 아픔이 적절히 배합된 아련함으로 남아있다. 삶 자체가 진지해야만 할 것 같았기에 다소 지나칠 정도로 무겁게 사람과 사물을 대했으며, 생은 쉽지 않은 고비를 돌아가야만 하는 길이라 믿었던 시절이었던 것 같다. 지금 생각하면 가벼운 미소가 스치기도 하지만 그땐 나름대로 절실했던 화두들이 있었다. 이미 다 성장해서 알건 다 안다고 단정했기에 더 이상의 나이는 늙어감 이상의 어떤 의미도 없을 것 같던 치기어린 생각조차 있었다. 그런 한편으로 삼십이나 사십의 나이는 비현실적인 무엇이었던 것 같다.

그러나 생각보다 빨리 삼십이 되었고 그보다 더 빠른

속도로 사십의 문턱에 들어 선 지금 그 속도가 당혹스럽기도 하지만 그 나이를 산 자만이 가질 수 있는 경험에 대한 다소의 자부심도 없지 않다. 당연히 이십 대 청춘에는 지금 내 나이의 인생에 대해 진지하게 생각해 본 기억이 없다. 그저 막연히 더 이상 새롭거나 활기찬 사건을 기대할 수 없고 지난날을 추억하는 것에 급급할 시절 정도로 여겼을 것이다. 내가 그런 나이를 이렇듯 사랑하게 될 줄은 전혀 예상치 못했던 일인 셈이다.

청년기를 넘어 중년이 되고 노년으로 넘어가는 인생의 길은 직접 경험하지 않으면 도저히 이해할 수 없는 삶과 생각의 결이 있다는 것을 배우는 과정이다. 사십이 되어서도 사랑을 하고 삶에 대한 도전적인 의욕이 있을까를 의심했던 것은 그 나이가 되어도 배가 고프고 잠이 올까를 의심했던 것과 같이 유치한 생각이었음을 지금은 알겠다. 삶의 단계마다 그 시기에만 가질 수 있는 특별한 모양이 만들어지는 것이다. 그것은 그 나이에 어울리는 사랑과 감각이 존재하기 때문이다.

이제는 노인이 되어 삶의 마지막 어름에 서게 될 날이 그리 멀게 느껴지지도 않으며 그게 그리 나쁜 일도 아니라 여긴다. 그럼에도 불구하고 신체적으로는 심하게 약화되고 사회적·경제적 능력도 급격히 저하될 것을 걱정하지 않을 수 없는 일이다. 이미 우리나라는 65세 이상

인구가 전체 인구의 7%를 넘어서는 고령화사회로 들어섰고 2020년 경이면 노인인구가 14% 이상되는 고령사회가 될 것이라 한다. 최근의 출산률 저하와 평균수명의 증가는 한국사회를 급격히 고령화 사회로 인도하는 중이다. 평균수명이 증가했다 해도 결국 나는 노인이 될 것이며 죽음과 조우함으로써 사람의 한 살이를 일단락 할 것이다.

비올 때 우산 쓰는 짐승은 인간뿐이고, 자살도 인간만의 특징이라던가. 이는 사람이 지닌 인위와 조작의 특성을 극명하게 상징하는 것이다. 문명화된 사회에서 살아가는 인간들이 다른 생명들처럼 전적으로 자연에 따르는 삶을 살 수는 없다. 그러나 적어도 나이 들어서 죽음에 이르는 과정은 가을이 가고 겨울이 오는 것을 맞이하듯이 다소 아쉽지만 한편으론 설레는 마음으로 자연스럽게 대처할 수 있기를 바란다. 시간과 세월은 지나쳐버리는 것이 아니라 내 안에 쌓이는 것이다. 사느라 수고했다 스스로를 다독여 주며 한 해를 보내고 다른 해를 맞이하며 예쁜 노인이 되어갈 수 있다면, 그것이면 충분하다 여기며 말이다.

제50장

세상에 났다가 죽음에 이르는 일에서
생명의 무리가 십분의 삼이고
죽음의 무리가 십분의 삼이다.
사람이 살다가 사지로 가는 경우가 또 십분의 삼이다.
이는 무엇 때문인가?
살고 또 살려는 맘이 지나쳐서이다.
듣건대 삶을 잘 기른 자는 산을 다녀도 코뿔소나
호랑이를 만나지 않고
전쟁터에 나아가도 병기에 다치지 않는다고 한다.
코뿔소는 그 뿔을 들이밀 데가 없고
호랑이는 그 손톱을 할퀼 수 없으며
병장기는 그 칼날을 찌를 곳이 없는 것은
무엇 때문인가?
그가 사지로 가지 않기 때문이다.

권하나,
산책

道生之, 德育之 · 養之覆之 : 도는 낳고 덕은 기른다 · 길러주고 덮어준다.

내가 산책을 즐기게 된 것은 구십 년 대 초반 은평구에 있는 소박한 동네 신사동에 살면서부터였다. 이후 몇 번의 해외여행을 경험하면서 걸어 다니는 것의 매력을 더 분명히 확인하게 되었기에 오늘까지도 산책은 내 즐거운 소일거리다. 그렇다고 나의 동네 산책길이 특별한 풍광을 자랑하는 도심 속의 자연을 운위할 만하다든지 화려한 도심의 면모를 반영하는 모양을 띠고 있는 것은 아니다. 단지 보통사람들이 모여 사는 평범한 골목들이다. 지금 살고 있는 곳은 행정구역상 강북구의 미아동에 속하는데 성북구의 정릉이랑 구획을 마주보는 지점이라 북악산에서 도봉산에 이르는 산의 능선이 내 산책길의 먼

시야에 들어오는 참 근사한 동네다. 재개발이 한차례 휩쓸고 지나간 후 세워진 아파트 단지에다 곧 다시 지어지면 좋을 오래된 집들이 함께 공존하는 동네이기도 하다. 길을 걷다 보면 안락한 공간이 보장되는 새 아파트와 이런 겨울날 더 추울 것에 틀림이 없는 오래된 작은 집들 사이에서 마음이 짠하기도 하다.

차를 타고 휙익 지나치면 십 분이 채 안 걸릴 거리를 40분에서 한 시간 정도 이리 저리 걷다 보면 안보이던 사물들이 눈에 들어오고 가끔은 거리와 상관없이 자신의 내면을 들여다보게도 된다. 나를 길 위에 놓아두는 것처럼 다소 객관적으로 생각해 볼 수도 있고 책상 앞에서 도저히 생각나지 않던 출구가 불현듯 나타나는 경험도 가능하다. 게다가 운동까지 되는 일이니 내 어찌 산책에 빠지지 않을 수 있겠는가. 아무런 약속이 없는 휴일 오후, 햇살이라도 따스한 날이면 동네는 더 없이 편안한 고요함에 잠긴다. 자연의 기운도 요일을 타는 걸까? 실제로는 사람의 한가해진 마음 탓이겠지만 그런 싱거운 물음마저 생길 지경이다.

내게 휴일 오후 적막하기까지 한 골목 위로 쏟아지는 햇살은 늦가을의 풍경처럼 포근하면서도 다소 쓸쓸한 이미지다. 엄마의 이미지와 비슷해서일까. 자식에겐 한 없이 따듯한 존재이지만 정작 스스로에겐 눈물이 더 어울릴지도 모를 그런 엄마들의 모습이 겹친다. 품어서 낳아 주고 먹여주고 길러주는 엄마. 아이들에게 엄만 늘 햇살 같은 존재이지 않은가. 누구에게든 엄마의 죽음은 자기에게 비추던 햇살이 사라지는 통증일 것이다. 어린아이나 장년의 사람을 불문하고 엄마와의 사별은 햇살하나 사라지는 만큼의 아린 일이다. 비교적 어린 나이에 엄마와 사별했던 나는 성인이 된 사람들이면 좀 더 수월한 경험일지 모른다는 생각을 한 적도 있는데 이제 생각해 보면 나이와 상관없이 아픔을 치유하는 기술에서 차이가 있을 뿐 같은 무게를 지닌 경험일 것 같다.

노자에게 어머니와 부드러움은 도를 형용하는 매우 간결한 도구이다. 휴일 오후, 여유로우면서도 따뜻한 햇살의 이미지에서 엄마를 기억하는 나는 그가 말하는 도도 이것과 다른 것이 아니라 이해한다. 따뜻하게 덮어주고 북돋아 주면서 사람이 성장할 수 있도록 이끌어주는 엄마는 곧 도를 실현하는 인간의 이미지인 것이다.

제51장

도는 낳고 덕은 기르니
사물이 형성되고 형세가 이루어진다.
이 때문에 만물은
도를 높이지 않음이 없으며 덕을 귀히 여기지 않는
경우가 없다.
도가 높고 덕이 귀한 것은 명하지 않아도 저절로 그러한
것이다.
그러므로 도는 낳고 덕은 기르니
키워서 길러주고
성숙하게 하여 여물게 하며
길러주고 덮어준다.
낳되 소유하지 않고
하되 내세우지 않으며
길러주되 마음대로 하지 않으니
이것을 일러 현묘한 덕이라 한다.

하나, 사소한, 너무 사소한 것으로부터

見小曰明, 守柔曰強 : 작음을 보는 것을 밝다고 하고, 부드러움을 지키는 것을 강하다고 한다.

내 미니홈피 주제어는 '사소한, 너무 사소한 것으로부터'이다. 2000년대로 들어 온 이후 줄곧 내 학문적·사회적 관심이 '일상성'에 머물러 있음을 반영하는 문구이다. 사소한 것이 사소한 것이 아님을 자각할 때 내 삶과 생이 누추해지지 않을 수 있으며 인간으로서의 존엄을 지킬 수 있다는 믿음도 여전하다. 강의실 바닥에 아무런 의식 없이 빈 깡통을 던져버리지 않는 데에서 찾을 수 있는 인간의 존엄성. 이는 민족과 국가와 같은 거대 담론을 엿보다 돌아 나온 뒤에 찾은 길이다. 일상의 작은 데에서 출발하지 않은 거대담론은 허구라는 자각과 함께.

그래서인지 일상의 아주 내밀한 구석에 렌즈를 들이

대고 다소 지나칠 정도로 그걸 파헤쳐 내는 걸 좋아하는 홍상수 감독의 영화나 좀 더 잔잔하게 감정을 걷어내고 일상을 관조하는 허진호 감독의 영화들을 좋아한다. 〈돼지가 우물에 빠진 날〉에서 〈극장전〉에 이르는 홍상수의 작품들을 모두 극장에 가서 봤으며 허진호의 〈8월의 크리스마스〉는 시차를 두고 세 번을 볼 정도였으니까. 이들의 영화를 보면서 나는 사람의 감정이 지닌 다양한 스펙트럼. 그저 지나갈 수도 있는 한 사건이 가지는 다의성. 단순한 것 같은 하나의 행동이 가져오는 파장. 그런 것들을 생각했던 것 같다. 그런 것들을 헤쳐가다 보면 그것이 그대로 바다처럼 넓은 삶 전체와 겹치기도 하는 경험이 가능하다. 그러니까 작은 것은 궁극적으로 가장 넓고 큰 것과 닿아 있는 것이다.

홍상수의 영화들은 좀 더 집요해서 관객까지 벌거벗겨지는 듯한 체험을 하게 하는 반면 〈8월의 크리스마스〉는 작은 것의 아름다움을 알게 한다. 난 아직도 사람의 죽음을 그렇게 잔잔하게 표현한 매체를 본 적이 없으며, 아버지에게 비디오 작동 법을 알려드리는 것과 같은 아들의 작은 행동으로 아버지에 대한 사랑과 안타까움을 그토록 절절하게 드러낸 영화를 본 적이 없다. 그런 영화들을 볼 수 있다는 것은 참으로 신기하고 아름다운 경험이다.

교양 강의를 할 때 학생들을 향해 가끔 한마디 하는 말이, "이 강의실에서 제대로 말하고 쓰고 하는 사람이 다른- 예컨대 자기 전공과 관련된- 것도 잘 해내는 것에 99% 건다!". 이건 사실에 가깝고 대체로 학생들 스스로도 동의하는 말이다. 작은 것은 잘 안보일 수도 있고 보이더라도 표가 나지 않으니 스쳐갈 수도 있다. 표시가 잘 나는 큰일은 한 건 하면 제대로 폼을 잡을 수 있으니 모두가 한 번 해보겠다고 도사리는 종목임에 틀림이 없다. 그러나 어쩌랴 작은 것이 모이지 않은 큰 것은 이 세상에 없는 법이다. 미봉의 임기응변이 아닌 이상에 크고 강한 것만 골라 먹을 수는 없는 일이다.

포부가 원대할수록 작은 데에서부터 시작하는 법을 배워야 할 것이고, 소박한 희망을 가진 사람이 평가절하되는 세상이 아니기를 바란다.

제52장

천하에는 시초가 있어서 그것이 천하의 어미가 된다.
이미 그 어미를 얻어 그를 통해 그 자식을 알고
이미 그 자식을 알아서 다시 그 어미를 지키면
평생 위태롭지 않을 것이다.
그 입구를 막고 문을 닫으면
평생토록 수고롭지 않을 것이나
그 입구를 열어두고 그 일을 처리하고자 하면
종신토록 구제하지 못할 것이다.
작음을 보는 것을 밝다고 하고
부드러움을 지키는 것을 강하다고 한다.
그 빛을 쓰되
다시 그 밝음으로 돌아가야
그 몸에 재앙을 남기지 않으리니
이것이 항상된 것을 익히는 것이다.

하나,
소박한 밥상

唯施是畏 : 오직 허세부릴 것을 두려워 한다.

내가 회원으로 있는 나눔문화라는 모임에서 한 달에 한 번씩 열리는 포럼에 가면 저녁밥을 같이 나누는 것에서 일정이 시작된다. 후원과 봉사로 마련되는 식사시간의 이름이 '소박한 밥상'이다. 하늘이 보이는 공간에서 정성으로 만든 식판을 받아들면 고마운 생각이 절로 든다. 좋은 재료로 간소하게 마련된 메뉴이나 그런 음식을 집이 아닌 다른 곳에서 받을 수 있는 곳이 그리 흔하지 않을 것이다. 맛나게 밥을 나누고 시작하는 포럼은 시간 내내 사람 사이에 전할 수 있는 따뜻함과 정성이란 것을 생각하게 한다.

우리가 주로 친한 사람들 사이에서 일상으로 사용하는 인사말 중에 식사했냐는 물음이 있다. 잘 못 먹던 시절의 유습이라지만 그 시초야 어찌되었든 상대에 대한 내밀한 관심이 반영된 인사라 여긴다. 그래서 다른 사람이 밥 먹었냐는 인사를 해 주면 가깝게 느껴지는 것도 사실이다. 밥을 같이 나눌 수 있는 사람과 술을 함께 하면 좋을 사람이 꼭 양분되는 것은 아니지만 두 개 중에 하나만 고르라면 내 경우엔 밥 같이 먹을 사람의 수효가 더 소수일 것 같다. 일생 동안 밥을 같이 먹을 수 있거나 같이 식사하면 좋을 사람이 그리 많은 숫자로 만나지지 않을 것이다. 그러니 가족 이외에 같이 밥 먹고 싶은 사람의 얼굴을 떠올려 보는 일에 그리 오랜 시간이 필요하지 않은 것이다.

이번 학기엔 강의 중에 학생들에게 작은 화두를 주고 단상을 적어보도록 했다. 강의가 끝나는 시간을 10여분 정도 남기고 주로 같이 읽었던 도덕경 구절과 연관되는 화제로 단상을 하도록 했는데 어느 날의 단상 주제가 '지난 일주일 간 나의 저녁식사'였다. 대체로는 아무렇지도 않게 스쳐가는 식사시간을 돌아보는 일이 그리 수월한 일은 아니었을 것이다. 학생들이 적은 글에서 우선 드러난 것은 평소의 식사에 대한 기억이 매우 단조롭다는 것이다. 같이 먹는 사람들이나 식사를 대하는 마음이나 메뉴들조차도 모두 그러했다. 이런 경험이 나와 강의를 함께 만들었던 학생들만의 것이겠는가.

그럼에도 불구하고 사람들에게 먹는 일이란 생존의 기초이자 나눔의 기초라는 무게를 지니는 행위이다. 근간에는 혼자 식사하는 사람이 늘어가고, 대학가 식당에선 한사람 손님을 위한 자리를 고려한 집이 증가추세이다. 할 수 없이 혼자인 경우 말고도 편리함과 효율성이란 측면에서 혼자 식사하는 사람들이 증가한다는 보고도 있다. 왠지 달가운 소식만은 아닌 것 같다. 자신에게 가장 소중한 부분. 너무 소중해서 그것이 얼마나 귀한지를 매번 깨닫지도 못하는 그런 일을 함께 나누는 것은 어떤 웅장하고 화려한 만남에 못지않은 가치를 지닌다고 확신하는 편이기에 그럴까. 난 여전히 맛난 음식을 즐겁게 나눌 수 있는 사람들과 좋은 관계를 유지하며 사이좋게 지내는 일상을 꿈꾼다.

근간에 소박한 밥상을 마련해 주는 나눔문화의 살림이 어려워서 걱정이다.

제53장

만약 내가 조금이라도 아는 것이 있어서
대도를 행한다면
오직 허세부릴 것을 두려워 할 것이다.
대도는 아주 평평한데도
백성은 작은 길만 좋아한다.
조정은 잘 치워져 있지만
밭에는 잡초만 무성하고
창고는 비어 있는데
화려한 옷을 입고
잘 드는 칼을 차고
물리도록 먹고 마시며
재물이 남아도는 것을
도둑질을 과시하는 것이라 하는 것이니
도가 아니로다!

쉰빗,
그럼에도 불구하고… 사랑하기!

以身觀身, 以家觀家 : 자신으로써 자신을 보고, 집안으로써 집안을 보다.

엄격히 말해 무엇을 객관적으로 받아들인다는 것은 실현 불가능한 일일지도 모른다. 특히 사람에 대한 부분은 더욱 그러하다. 나라는 의식이 날 자유롭게 놓아주질 않으니 내 방식대로 내게 유리한 쪽으로 상대를 해석하려 한다. 그래서 내가 예상하지 못했던 그의 행동을 받아들이는 것은 쉽지 않은 일이다. 그를 그 자신의 입장에서 바라봐 주는 일은 좋은 관계를 위해 아주 중요한 덕목이건만 생각처럼 마음이나 몸이 따라주질 않는다. 뒤집어 말하면 다른 사람을 잘 이해한다는 일은 그만큼 어려운 일에 속하는 것이다. 내 주변의 환경을 제대로 파악하는 일 전반이 그렇게 힘겨운 법이다. 주변을 이해해 가는 길이 삶의 길이라 해도 그리 잘못된 말이 아닐 것이다.

오리엔탈리즘이나 옥시덴탈리즘과 같이 집단적인 시각에서부터 주변 환경만으로 상대를 판단해버리는 개인적 경향에 이르기까지 타자에 대한 몰이해나 오해의 범위는 참으로 광범위하다. 역지사지. 누군가 나를 오해하고 진실이 아닌 것으로 공격할 때 느꼈던 답답함은 당해 본 사람만이 아는 법이다. 그리고 작건 크건 이런 경험은 일상적으로 벌어지는 일에 속하기도 한다. 내가 느꼈던 그 갑갑한 심정을 미루어 다른 이의 답답함을 헤아려 줄 수 있는 것이 입장을 바꿔보는 태도이다. 입장을 바꿔 보면 이해 못할 일이 그리 많지는 않을 터이다. 단지 그럴 만한 여유를 갖는 것이 힘겨울 뿐이다.

영화나 소설을 보다 보면 난 제삼자의 입장에서 사건을 관찰하게 된다. 영화 속에서 벌어지는 두 사람의 갈등 상황, 특히 오해에 의해 벌어지는 긴장 상태를 보자면 내가 저 영화 속으로 뛰어들고 싶은 때가 가끔 있다. 남자를 향해 모진 말을 해야 했던 그 여자의 심정을 말해 주고 싶은 것이다. 그 여자의 의도는 당신을 괴롭히려는게 아니고 당신이 마음을 돌려 새로운 세상으로 걸어가기를 바라는 마음 때문인데 사랑한다는 사람이 왜 그걸 읽지 못하느냐고 말이다. 제삼자에게는 너무 빤히 보이는 일들이 당사자에겐 잘 드러나지 않는 것은 자기 안에 매몰

되어 주변을 살피지 못하는 것에 기인한다. 사람을 잘 파악하기로 둘째가라면 서러운 나도 나와 관계된 사람, 특히 이성에 대해서는 영 답이 안 나오는 경우가 허다하다. 아전인수격 해석으로 문제의 본질을 피하는 것이 그 원인일 것이다.

내게 유리한 쪽으로 내가 편리한대로 그를 해석하는 것이 쌓이다 보면 내 안에 있는 사람과 실제 그 사람은 전혀 다른 사람이 되어버릴 수도 있다. 그래서 만일 그가 사랑하는 사람이었다면 나는 그를 사랑한 것이 아니라 나를 사랑한 것에 불과하다는 결론에 다다르게 된다. '그러니까 사랑한다'는 것이 내가 선호하는 면들을 반영한 표현이라면 '그럼에도 불구하고 사랑한다'고 하면 내 욕심을 다소 양보하더라도 상대를 받아들이겠다는 뉘앙스가 있다. 어차피 만남이란 결핍된 부분을 채우는 교환관계를 근간으로 한다. 허나 사랑이라는 이름으로 산술적으로 이득이 되지 않는 사업을 할 수도 있다. 그리고 결국 이것이 손해가 아님은 경험을 통해 검증하게 되는 바이다.

그가 가장 아름다울 수 있는 상태는 자기가 가진 것을 충분히 발휘할 수 있을 때이다. 그가 그럴 수 있도록 지켜주는 사랑이 그리운 날들이다.

제54장

잘 세운 것은 뽑히지 않고

잘 감싼 것은 벗겨지지 않으니

자자손손 제사가 끊이지 않을 것이다.

그것으로 자신을 다스리면 그 덕은 참됨이고

그것으로 집안을 다스리면 그 덕은 넉넉함이며

그것으로 마을을 다스리면 그 덕은 오래감이고

그것으로 나라를 다스리면 그 덕은 풍요로움이며

그것으로 천하를 다스리면 그 덕은 넓다.

그러므로 자신으로써 자신을 보고

집안으로써 집안을 보며

마을로써 마을을 보고

나라로써 나라를 보며

천하로써 천하를 본다.

내가 어떻게 천하가 그러한 줄을 알겠는가!

이것 때문이다.

쉰다섯,
아기와 노인

精之至也, 和之至也 : 정기의 지극함이요, 조화로움의 지극함.

한자로 갓난아이를 적자赤子라 하는데 글자 그대로 방금 태어나서 아직 기지도 못하는 아기의 피부는 붉은 기운을 띄고 있다. 이 시기의 아이들은 주변의 도움 없이 자생할 수 없는 약자이지만 먹고 자고 배설하는 매우 간명한 생존의 몸짓은 극도로 발달해 있어서 어른을 깜짝 놀라게 하는 장면을 연출하기도 한다. 엄마의 젖을 빠는 그 강한 흡인력과 먹을 것을 요구하는 강력한 울음소리를 들으면 선천적으로 타고난 생존능력에 대해 생각지 않을 수 없는 것이다. 노자가 말한 것처럼 그처럼 연약한 근육과 골격을 가졌음에도 쥐는 힘은 강력한데다가 하루 종일 울어대도 목이 쉬지 않고 심지어 독충이나 맹수도 피해갈 정도로 온전한 정기의 소유자가 아이인 것이다.

사람이 태어나서 영유아기를 거치고 청소년의 시기를 건너서 성인이 되고 더 나이 들어 늙으면 죽음에 이른다. 요즘 한국 사람들의 평균수명은 70세를 넘기고 있다. 사고나 질병 등으로 이른 나이에 죽는 사람을 제외하면 70세를 훨씬 넘은 나이까지 산다는 말이다. 이런 추세라면 지금 40대 이하의 사람들은 평균연령 100세 시대를 살게 될 것이라는 보고가 있다. 이는 더 오래 살고 싶다는 사람들의 욕구와 평균연령 증가를 돕는 의학의 발달이 평화롭게 손을 잡고 소기의 목적을 이루어가는 증거이다. 그런 한편으로 구조조정이다 명예퇴직이다 해서 수입이 가능한 연령대는 줄어드는 추세인데 노동력을 팔 수 없는 기간이 길어지는 것이 좋은 것만은 아니라는 사회학적 해석도 설득력을 지닌다. 누구라도 비슷한 심정이겠지만 나로서는 오래 사는 것보다 사는 동안 어떻게 살 것인가의 문제가 더 중요한 문제이다. 그래서인지 평균연령 증가 뉴스가 그리 반갑지만은 않다.

선천적으로 습득한 생존능력을 지니고 태어난 아기는 한 해 두 해 성장하면서 사회화의 과정을 거치며 자신이 속한 사회 속에서 자아의 독자성을 인식하기 시작한다. 머리가 영글어가고, 자기 것이 생긴다는 것이 그것을 말해준다. 아이를 키워 본 사람들에 따르면 아이가 말 배울 무렵까지 1~2년 동안 가장 예쁘고 평생의 효도는 그 때다 받는다고 한다. 아마도 이 시기는 자기라는 의식이 분명해지기 이전을 말할 것이다. 왜 그렇게 이야기 하는지 헤아려지는 경험담이다.

성장과 비례하여 욕심의 양도 증가하고 욕심이 늘어가다 보면 갖가지 무리수를 둘 확률도 높아진다. 주위 환경을 의식하여 남과 비교하면서 더 많이 먹고 싶고 더 많이 가지고 싶은 욕구를 스스로 제어하기 어려워진다. 잘 하겠다는 의식은 자연스러움을 앗아가기 십상이다. 이런 맥락에서 가진 것을 누리고 더 가지기 위해 남보다 오래 살고 싶다는 욕망이 강화될 수도 있다. 노자가 어린아이를 도와 가까운 존재로 파악했던 것은 그 자연성, 즉 아직 욕심에 좌우되지 않는 성향에 주목했기 때문이다. 달리 말하면 살아가면서 욕심과 인위가 증가되는 것이 현실이라는 의미이기도 하다. 그런데 그것이 진짜 행복할 수 있는 길인가를 반문하라는 것이 노자의 제안이다. 중요한 것은 얼마나 오래 사느냐 보다 얼마나 행복하게 살 수 있는가이다.

제55장

덕을 두텁게 머금은 사람은
갓난아이에 비길 수 있다.
벌이나 독충이나 독사도 물지 않고
맹수도 덮치지 않으며
사나운 독수리도 후려치지 않는다.
뼈는 약하고 근육은 부드러우나 쥐는 것은 단단하고
암수의 교접을 알지 못하면서도 온전하게 살아가니
정기의 지극함이다.
하루 종일 울어대도 목이 쉬지 않으니
조화로움의 지극함이다.
조화를 아는 것을 항상됨이라 하고
항상됨을 아는 것을 밝다고 한다.
더 살려고 하는 것을 상서롭다고 하고
마음이 기를 부리는 것을 강하다고 하나
사물은 장성해지면 노쇠하니
이는 도가 아니라고 한다.
도가 아닌 것은 일찍 끝난다.

쉰여섯,
행복한 상상

和其光, 同其塵 : 그 빛을 누그러뜨리고 세속에 동화된다.

모모세대에서 모모족에 이르는 다양한 용어들이 한 때의 주제어가 되어 선전되면서 각가지 상품을 파는 트렌드가 되어왔다. 기본적으로는 상업적 이미지 조작이라는 측면이 강하다는 것을 알면서도 당시 선전되는 경향에 무지하면 뒤떨어지는 것 같은 강박 때문에 한사코 이번엔 뭔가? 살피며 지내는 편이다. 최근 멋진 남성을 지칭하는 새로운 코드는 위버 섹슈얼이라 한다. 꽃미남 열풍을 일으키며 잘생기고 부드러운 남성을 강조하던 메트로섹슈얼의 시대는 이미 가고 이젠 이전의 이상적 남성상을 뛰어넘는 최고의 남성을 의미하는 위버섹슈얼Ubersexual의 시대라 한다. 여기서는 긍정적 남성성을 강조하지만 그렇다고 마초적인 경향은 절대 사절이며 매너와 자상함을 갖춘 남성이미지를 상징한다. 이러고 보면 이 시대의 첨단을 걷는 멋진 남성이 되기 위해선 참으로 고단한 길을 걸어야 할 것 같다. 사회적 능력을 갖추는 것은 기본인데다가 패션이나 피부미용에서 몸매에 이르기까지 그 외모를 가꾸는 데에도 일가견이 있어야 하며 자상한 매너를 그 품성 안에 녹여 두어야 할 터이니 말이다.

능력있고 외모도 친절한데다가 품성까지 넉넉하고 세련된 매너를 지닌 남자라. 이런 사람이 실재할 수 있을지 의심스럽지만 만일 그렇다면 그저 한 번 만나보는 것만으로도 영광일 것이다. 그러니 제아무리 유행을 좋아하는 사람이라도 이번 트렌드는 일찌감치 포기하고 곧 만들어질 새로운 경향을 도모하는 남성들이 더 많지 않을까 사료된다.

이런 유행경향 말고라도 성을 불문하고 매너 좋고 자기 일에 열성을 보이는 사람을 만나는 일은 기분 좋은 경험이다. 사람마다 취향이 다르니 멋진 사람이라는 규정도 각가지일 터이다. 나라면 우선 자기가 가깝게 관계하는 사람들 예컨대 가족이나 애인 등에 대해 진정성을 보이는 사람이면 일단 표를 던질 준비가 된다. 자기 일을 잘 해낸다는 덕목은 그 다음쯤의 점수를 줄 수 있다. 예외가 아니라면 사람에 대해 지극한 자세를 가진 사람은 세상을 바라보는 시선이 따뜻하고 자기가 하는 일에서도 나름의 최선을 다하기 마련이다. 그래서 그 사람이 하는 일은 믿음이 가는 거다. 일등을 하고 화려한 수상경력을 가지는 것과는 다른 종류의 신뢰감이다.

 욕심을 좀 더 부린다면 그런 성향에다 약간의 센스를 토핑해 주시면 더욱 고맙겠다는 것이다. 그건 자기에게 어울리는 색감이나 좋아하는 옷의 스타일이 있어서 꼭 자신만 낼 수 있는 그런 멋을 챙길 수 있는 감각과 주변 사람을 편안하게 해 줄 수 있는 유머 정도. 쉽지 않은 요구일지는 모르겠으나 그렇다고 '멋진 사람'이란 칭호를 거저먹을 수는 없는 일이 아닌가. 반짝반짝하지는 않지만 보면 볼수록 맛이 있는 사람. 이런 것을 고급한 세련됨이라 할 수 있지 않을까. 그런 이는 주변 사람들과의 조화로운 관계 안에서 자기를 조정해 가는 여유를 지닌 사람임에 틀림이 없다. 그런 단수 높은 멋쟁이들을 가끔이라도 만나볼 수 있는 행운이 내게 허락되기를!

제56장

아는 이는 말하지 않고
말하는 사람은 알지 못한다.
그 구멍을 막고
그 문을 닫고
그 날카로움을 꺾고 엉김을 풀며
그 빛을 누그러뜨리고
세속에 동화되니
이를 일러서 현묘하게 같아지는 것이라 한다.
그렇기 때문에 가까이할 수도 없고 멀리할 수도 없으며
이롭게 할 수도 없고 해롭게 할 수도 없으며
귀하게 할 수도 없고 천하게 할 수도 없다.
그래서 천하의 귀한 것이 된다.

쉰일곱,
예쁜 나의 친구들

我無爲而民自化, 我無欲而民自樸 : 내가 무위하니 백성이 절로 교화되고, 내가 무욕하니 백성이 저절로 순박해진다.

'은수야 월남 쌈 해 줄께, 우리 집에 놀러오렴'. 지난 초가을에 문자를 받은 다음 세 달이 넘은 어제 드디어 화정에 있는 친구 집에서 다른 친구 한 명과 셋이 회동한 다음, 지난 구월의 그 월남 쌈을 겨울추위가 막 몰아다친 12월이 되어서야 먹었다. 그녀는 새로 이사한 자기 집에 초행인 나를 위해 하루 전날 두 번에 걸친 문자로 길을 일러주는 친절함도 잊지 않았다. 열심히 일해서 번 돈의 상당부분을 여행에 쓰는 친구는 또래 다른 아줌마들에 비해 특이성향을 가졌다 할 수 있다. 두 딸 중의 한 명과 어떤 때는 혼자서 그리고 아주 가끔은 남편을 포함한 전 가족이 우리나라 여기저기, 외국의 여러 도시들을 여행하는 거다. 파리에서 한 달을 보내고 왔다든지 필리핀이나 베트남을 여행했다는 메모를 가끔씩 내 미니 홈피에 올리면서 염장을 지르는 행위도 서슴지 않는다. 그렇다고 그녀의 살림이 특별히 여유 있는 것 같지는 않고 모르긴 몰라도 다른 지출은 최소한으로 하면서 여행하는 데에는 과감하게 투자하는 식으로 자신의 취향을 존중할 터이다.

이날 같이 만난 다른 친구는 앞에서 소개한 적이 있는 그 '카운셀러형'이다. 나를 제외한 둘은 모두 두 아이의 엄마인데다가 큰 아이가 막 중학교를 졸업할 즈음이니 근간의 핵심 주제는 공통적으로 역시나 아이들의 교육문제였다. 아이가 없는 내가 미안할 정도로 자녀의 교육 문제는 내 친구들의 고민거리이자 힘겨운 과제인 듯 했다. 그녀들 역시 요즘 한국사회의 교육현상에서 벗어나 있지 않았다. 그러나 그런 속에서도 아이들에게 최소한의 노동을 시키고 거기서 얻을 수 있는 배움의 소중함을 알도록 배려한다는 사실이 든든했다. 여행을 통해 넓고 깊어지는 아이의 인성을 염두에 둔다는 걸 이미 알고 있지만 말이다.

학교교육도 중요하지만 집에서 부모에게 학습 받는 것은 다른 누구도 대신 하기 어려운 영역이다. 그래서 오늘과 같이 아이들을 사육하는 방식의 교육을 문제 삼을 때마다 난 줄곧 그 부모들의 재교육이 더 시급함을 주장하곤 한다. 부모에게서는 사랑과 보호만 받는 것이 아니라 삶에 대한 기본 태도를 몸으로 배우기 때문이다. 무한한 능력을 가진 아이들을 주어진 틀 안에서 맴돌게 하는 교육은 그 교육열이 아무리 뜨겁다 해도 허상에 불과하다. 대학수학능력 시험에서 좋은 성적을 내고 대학에 들어 온 학생들이 자기 힘으로 생각하고 추진하는 작업을 필요이상으로 힘겨워하는 걸 보면 참으로 안타깝다. 창조적 작업에 서툴다는 것은 다양한 것들을 놓치며 살아갈 가능성이 많다는 것을 말해주는 것이 아닌가.

아이가 가진 특징을 여러 측면에서 스스로 발견할 수 있도록 도와주는 길은 부모나 교사가 해 줄 수 있는 최상의 교육이다. 화려한 이력을 가꾸기 위한 하드트레이닝으로 학과 성적의 석차를 올리고 특기교육을 진열하는 것으로 인간적 성숙을 바라기는 어렵다. 어떻게 하면 일등을 하고 서울대에 입학하도록 할 것인가 보다 그가 행복해 하면서 잘 해낼 수 있는 길을 찾아가도록 돕는 것이 아이들을 위한 최선이 아닌가. 나와 비슷한 생각을 가진 친구들은 자기 아이가 없기 때문에 원론적인 이야기만 한다는 자책이 필요 없도록 해 주니 고맙고 또 뿌듯하다. 그래서도 참 예쁜 여인들이다.

제57장

바름으로써 나라를 다스리고자 하면
기이함으로 군사를 동원하게 되니
일을 만들지 않음으로써 천하를 취한다.
내가 어떻게 그런 줄을 알겠는가. 이 때문이다.
천하에 금기가 많으면
백성은 더욱 가난해지고
백성이 이로운 기물을 많이 갖게 되면
국가는 더 혼미해지며
사람들이 재주가 많아지면
이상한 물건이 더 많아지고
법령이 복잡할수록 도둑도 많아진다.
그러므로 성인이 말하기를
"내가 무위하니 백성들이 절로 교화되고,
내가 고요함을 좋아하니 백성이 절로 바르게 되고,
내가 일을 만들지 않으니 백성들이 절로 부유해지고,
내가 무욕하니 백성들이 절로 순박해진다."고 했다.

쉰여덟,
시원한 소식

禍兮福之所倚, 福兮禍之所伏 : 화여! 복이 그에 의지하고, 복이여! 화가 그 속에 숨어있네.

12월에 들자마자 겨울 추위가 한껏 몰려와서 완연한 겨울임을 말하는 날씨 덕에 감기 기운조차 내 주변을 어슬렁거리던 어제 오후 학부를 같이 다녔던 언니에게서 전화가 왔다. 목소리를 한 톤 낮춘 언니의 음성이 뭔가 뉴스를 전하려는 자세를 말해주면서, "은수야! 언니 12월 8일 오후 두시에 결혼 해"라는 것이다. 8일이라면 언니가 살고 있는 벤쿠버 시간으로는 이틀 뒤다. 내 입에서는 바로 '야호!'가 나오고 언니의 결혼 성공을 진심으로 축하하면서 찌뿌둥 했던 몸까지 환해지는 기분이 되었다.

나하고 띠동갑인 언니는 우리가 대학에 입학 할 당시 이미 서른을 넘긴 어른이었다. 집안 형편이 여의치 않은 시골출신의 장녀. 집안과 동생들을 위해 자신의 것을 양보하는 것이 이상하지 않았던 시대의 장녀답게 중학교 졸업 후 그녀는 바로 취업전선에 뛰어들었더랬다. 그러나 못내 배움에 대한 꿈을 버리지 못했고 검정고시를 통해 드디어 대입에 성공한 언니를 내가 만날 수 있었던 것이다. 언니는 직장을 다니는 틈틈이 닦아놓은 서예 공부와 대학에서 취득한 교원자격증을 가지고 졸업 후 서예학원 원장님이 되었다. 무엇이든 열심히 하는 분이라 한동안 잘 나가는 서예학원 원장으로 재미있게 지내셨던 것 같다. 성업 중이던 서예학원이 다소 저조한 기운을 보이고 나이도 점점 많아진다는 위기를 절감한 언니가 이번에 선택한 돌파구는 캐나다 어학연수였다. 말은 어학연수였지만 말도 배우고 아직 만나지 못한 짝도 찾아서 그 나라에서 뿌리를 내리고프다는 소망을 안고 출국한 것이 어느새 4년이 다 되어간다. 이제 막 그 꿈을 이루게 되었다니 어찌 축하하지 않을 수 있겠는가.

나이가 더 들어가고 내가 성장해가면서, 그리고 삶의 여러 관절들을 체험하면서 언니가 살았던 길이 결코 만만한 길이 아니었음을 짙게 느끼게 되었던 것 같다. 어린 나이의 취업, 집안 돌보기, 검정고시 같은 단어들이 주는 다소 어두운 이미지와 그것을 이겨낸 힘이 격려 받아 마땅한 일이라는 정도의 피상적 이해에서 주어진 환경을 벗어나 다른 길을 모색하는 일이 얼마나 녹록치 않은 길인지를 체험해 가는 동안 이 언니가 걸어 온 길에 대해서도 다시 돌아보게 되었던 것 같다.

서른두 살 대학 초년생일 때부터 언니의 화두 중 최고봉에 '결혼'이라는 항목이 들어있었다. 그런데 도무지 어떻게 해도 남들 다 잘 만나는 그 한 사람이 언니에게는 찾아올 기미가 없었다. 그렇다고 포기할 언니가 아니었다. 또다시 환경을 바꾸어 국경을 넘어가서 자기 짝을 찾아내고야 말았던 것이다. 일반적인 기준으로는 매우 늦은 나이의 혼인이지만 언니의 삶이 남과 다른 일정으로 진행되었으니까 그녀에겐 적절한 때라고 할 수도 있을까. 여하튼 드디어 언니에게 설레는 사람이 생기고 그와 함께 여생을 나눌 수 있게 되었다는 사실이 너무 기쁘다.

삶의 길에서 끊임없이 자신이 원하는 새로운 조건들을 스스로 만들어내었고, 만들어낸 조건을 틀로 삼아 다시 새로운 세계를 도모했던 언니에게 결국 찾아오고야만 행운이 내일처럼 기쁘다. 나쁜 것이 나쁜 것만이 아님을 언니를 통해 배운다. 언니! 지금껏 못했던 사랑 맘껏 하시고 맘껏 받으시고 따뜻하게 지내세요. 이젠 가벼운 맘으로 새 봄, 언니와의 재회를 기다립니다.

제58장

다스림이 어수룩하면 그 백성은 순박해지고
다스림이 깐깐하면 그 백성은 황폐해진다.
화여! 복이 그에 의지하고, 복이여! 화가 그 속에
숨어있네.
누가 그 끝을 알겠는가?
정해진 바름이란 없으니
바른 것은 다시 속이는 것이 되고
착함은 다시 잘못된 것이 되니
사람들이 미혹된 지가 참으로 오래되었구나.
그래서 성인은 반듯하지만 남을 해치지 않고
청렴하지만 남을 상하게 하지는 않으며
곧지만 마음대로 하지 않고
밝지만 번쩍거리지는 않는다.

원아홉,
겨울나무

治人事天莫若嗇 : 사람을 다스리고 하늘을 섬기는 데 검약한 것보다 좋은 것이 없다.

보는 이의 눈에 따라 같은 물건이 다양하게 비칠 수 있는 법인데 어떤 이에게는 을씨년스러움으로 다가올지 모르는 나목이 내게는 참으로 떳떳해 보인다. 나에게 나무는 단지 그 이름을 듣기만 해도 설레며 마음 든든하게 하는 대상이다. 더구나 다난한 풍상을 고스란히 받아내어 자신의 일부인 잎까지 모두 털어내고도 의연하게 그 자리에 서 있는 나무의 비장함에는 차원높은 권위가 배어난다. 모든 자연과 마찬가지로 나무도 계절에 따라 아름다움의 포인트가 달라진다. 새움 터 오는 봄날의 연 초록빛, 잎의 계절로 들어간 여름날의 건장하고 싱그러운 이미지, 가을날 색을 변하고 잎을 떨구는 반전과 조락의 빛

깔들, 그리고 생명에 필요한 최소한의 몸피로 한겨울 칼바람에 맞서는 겨울나무. 내가 어떻게 그들을 사랑하지 않을 수 있겠는가!

사람을 바람같은 사람, 나무같은 사람, 꽃과 같은 사람, 풀과 같은 사람 등 자연의 이미지에 대입시켜 보는 것은 흥미로운 일이다. 그 중 바람같은 사람과 나무같은 사람은 대조되는 이미지다. 바람같은 사람은 사람을 매혹시키는 힘이 강력해서 금방 이목을 끄는 반면 나무와 같은 사람은 당장 눈에 띄지 않지만 결국엔 누구의 가슴이라도 울려줄 수 있는 미덕을 보여준다.

가장 잘 위로 받을 수 있는 것도 사람이고 상처받을 수 있는 대상도 사람이라 한 것은 인생에서 사람간의 관계가 그만큼 중요하다는 말이다. 어찌 보면 짧았고 어떻게 보면 길기도 했던 세월을 살아오며 만났던 다양한 사람들. 그러나 다시 곰곰 생각해보면 특별한 관계가 되어 연락을 주고받으며 지내는 사람의 수효는 보잘 것 없다는 것이 나만의 문제일까. 이건 핸드폰에 저장되어 있는 몇 백 개가 넘는 번호 중 공적인 일 말고 한 달에 한 번이라도 통화버튼으로 연결되는 숫자를 헤아려 본다면 분명해지는 일이다. 모든 힘이 소진되어버린 것처럼 힘겨운 어느 날 밤 아무 이유 달지 않고 불러내어 앞에 앉히고 아무 말 없이 술 한 잔 해도 좋을 그런 사람의 숫자는 더욱 적을 것이다.

사람에게 받는 상처가 크다는 것은 그만큼 그에게 기대하는 것이 있기 때문이다. 반대로 삶의 위안 역시 사람에게서 얻는다는 말은 좋은 기운을 나누어 주는 사람의 존재는 어떤 보약보다 강한 삶의 활력을 주기 때문이다. 그러니 나무같이 나의 울타리가 되어 주고 그 강한 생명의 에너지를 전해줄 수 있는 사람이 가까이에 있다는 건 얼마나 감사할 일이겠는가. 혹 내가 누구에겐가 그런 사람일 수 있을까.

싸늘한 기온에다 쨍한 햇살이 벗은 나무들을 비추는 12월의 아침 풍경은 당장 커피 한잔이 그립게 만든다. 드디어 뜨거운 찻잔을 손에 쥐고 이번엔 좀 더 편안하게 겨울 풍경을 감상한다. 나목. 생명을 지키기 위한 최소한의 몸피 저 안에서는 봄날의 새 생명을 위한 움직임이 한창일 것이다. 생명을 위한 활동이 가장 활발한 시기가 이 때라지 않던가. 잎을 털어내고 최소한의 몸피만 유지한다고 해서 초라한 것이 아니라 오히려 왕성한 생명운동을 통해 자신의 존재를 증명하고 이어가는 당당한 면모인 셈이다. 추울 때는 많이 움직이고 더울 때는 고요히 해서 중심을 잡으라는 노자의 생각은 역시 자연의 흐름에 조응하는 사고임을 알 수 있다. 겨울나무를 보고 있노라면 절제하는 것이 결국 생명을 가꾸는 가장 능동적인 방법임을 강조하는 노자의 주장이 쉽게 와 닿는다. 그리고 이러한 활발한 생명력 덕분에 자신과 주변의 푸르름을 보장해 주는 나무를 통해 위로가 되고 활력을 주는 사람을 읽는다.

제59장

사람을 다스리고 하늘을 섬기는 데
검약한 것보다 좋은 것이 없다.
오직 검약하기 때문에 일찍 따를 수 있다.
일찍 따르는 것을 일러 두텁게 덕을 쌓는다 하고
두텁게 덕을 쌓으면 이기지 못할 것이 없으며
이기지 못할 것이 없으면
그가 끝나는 곳을 알지 못하니
끝나는 곳을 알 수 없을 정도이면 나라를 소유할 수 있고
나라의 근본이 있으면 오래갈 수 있다.
이를 일러 뿌리가 깊고 단단하며 길이 오래 살 수 있는 도라고 한다.

예순,
식재료 다루듯

治大國若烹小鮮 : 큰 나라를 다스리는 것은 작은 생선을 지지는 것과 같다.

내가 지금처럼 텔레비전 드라마를 애청하게 된 동기가 되어 준 것이 2003년 가을에서 2004년 봄까지 장장 6개월 정도 방송되었던 〈대장금〉이었다. 가능하면 방송 시간에 맞춰 귀가하였고 불가피한 일이 있을 땐 다시보기를 잊지 않았기에 전편을 빠짐없이 보았다는 기록을 세우기도 했던 드라마였다. 그 〈대장금〉이 최근 한류열풍과 함께 중국을 비롯한 아시아 여러 나라에서 절찬리에 방영중이라 한다. 중국인 부부가 〈대장금〉 시청문제로 부부싸움을 하다 급기야 아내가 자살을 시도했다는 가십기사가 전송된 적도 있고, 여러 나라에서 〈대장금〉에 나오는 요리를 선보이는 식당이 성업이라 한다.

이 드라마는 왕실과 세도가를 중심으로 이야기를 풀어가는 기존의 사극과 달리 궁중 하층민들의 삶과 애환에 초점을 두고 하층민 여성의 성공담을 들려주었다는 소재의 신선함이 있었던 데다가 최근 관심이 고조되는 현대인의 음식문화를 염두에 두면서 우리 전통의 음식문화를 소개한다는 점에서도 흥미 있는 구도를 지니고 있었다. 조선 중종(1506~1544) 때 여성으로서 최초의 임금 주치의가 되었다는 전설적 인물 장금이 궁중 최고의 요리사가 되고 우여곡절 끝에 의녀의 길을 가게 된 과정을 실감나게 보여주었다. 음식을 만드는 사람에게 가장 중요한 덕목은 음식을 먹는 이를 위하는 마음이 가장 중요하다는 철학에 기초한 화려한 궁중요리들이 화면에 나올 때면 난 어김없이 군침을 삼키며 마치 화면 속으로 들어갈 지경이었다. 누가 언제 왜 먹는가에 대한 이해에 기초해서 음식을 만들어야 그에 적합한 정성을 들일 수 있고, 그런 정성에 기초한 음식이라야 사람에게 이로운 음식이 될 수 있다는 대장금의 메시지는 요리 뿐 아니라 삶 전체에서 특히 타인과의 관계에 있어 매우 소중한 덕목일 것이다. 역시 요리는 단수가 높은 행위예술임을 확인하게 되었던 것일까.

위에서 말한 철학적 기초 다음으로 요리사에게 중요한 것은 좋은 식재료를 골라서 잘 갈무리하는 일이다. 기초 재료가 신선하고 정갈한 것일수록 좋은 요리로 재창조될 가능성이 높은 것은 설명이 필요 없는 일이다. 사실 진리라는 것, 노자식으로 말하면 도라는 것도 알고 보면 더 이상의 설명이 필요하지 않은 매우 간단한 내포를 지니고 있다. 예컨대 음식을 만드는 사람이 먹는 이의 건강과 행복한 시간을 배려하는 정성을 가지고 가능한 좋은 식재료를 골라서 자신이 할 수 있는 최대한의 기술을 사용하여 맛난 음식을 만들어 내는 것, 그게 바로 도에 따르는 최상의 길이라 해도 좋을 것이다. 그리고 요리를 잘하는 기술이란 곧 재료를 잘 다루는 일과 통한다. 삶아야 할 것과 기름에 볶을 것을 구별하고, 다소 거칠게 버무려야 할 것과 조심스럽게 다루어야 할 것을 파악한 다음 그 재료의 속성에 맞게 조리하는 것 말이다.

매우 연하고 작은 생선을 조리할 때에는 조심스럽게 다루는 일이 무엇보다 중요할 것이다. 자칫하면 흐트러져 버려서 낭패 보기 십상인 재료가 아닌가. 음식을 조리하는 일처럼 조심스러워야 할 땐 조심조심, 과감해야 할 때는 용기를 내어서 화통하게 탄력적으로 대처할 수 있는 것이 최상의 방법이고 이게 잘 살 수 있는 길이라는 노자의 이야기는 우리 곁에 있는 아주 사소한 그러나 매우 중요한 삶의 진리를 건네준다.

제60장

큰 나라를 다스리는 것은 작은 생선을 지지는 것과 같다.
도에 근거하여 세상에 나아가면
귀신도 영험을 부리지 않는다.
그 귀신이 영험을 부리지 않는 것이 아니라
영험함이 사람을 해치지 못하는 것이고
그 영험함이 사람을 해치지 않는 것만 아니라
성인도 사람을 해치지 않는다.
저 둘이 서로 해치지 않으므로
덕이 함께 돌아온다.

예순하나,
게임의 법칙

常以靜勝牡, 以靜爲下 : 항상 고요함으로 수컷을 이기는 것은 고요함으로 낮추기 때문이다.

오래된 동네엔 어디라도 '쌈닭' 별명을 가진 중년의 여자나 남자가 한 명 정도 살고 있다. 그 동네의 모든 분쟁의 중심에 대체로 그들이 들어있고, 그들의 한껏 부푼 음성이 담을 넘어 집안으로 들어오면 무슨 일인지 또 하나의 사건이 일어났음을 알게 하는 싸움꾼이다. 대충 넘어갈 일도 그들이 관여하면 싸움으로 번지고 그리되면 그들은 기꺼이 싸움의 중심에서 스스로 정한 자신의 역할에 복무한다. 사람 사는 동네라는 생동감을 주는 역할로 그들의 긍정적 이미지를 살릴 수도 있을까. 그러나 실은 일을 필요이상으로 소란스럽게 만들고 어떤 경우엔 이웃 간의 관계를 악화시키는 주범에 지나지 않을 터이다. 요즘엔 주로 비좁은 공간에서의 주차 문제가 동네의 마찰거리가 된다던데 그럴 때면 언제라도 어김없이 나타나는 싸움꾼들. 목소리만 크고 얄팍한 자기 욕심을 숨기지 못하는 그들은 싸움의 세계에서 하수에 속한다.

논리적으로 빈틈없이 따지는 데에 일가견이 있어서 듣는 사람이 꼼짝 없이 수긍할 수밖에 없도록 만드는데 재능이 있는 사람들이 있다. 어느 때는 사실이 아닌 것도 그 사람의 입을 거치면 마치 진짜 보다 더 진짜처럼 화하는 언어의 마술사들. 싸움의 세계에서 그 수준이 중간 이상을 가는 그룹인데 그들이 바로 고수라고 착각하는 사람이 있을 정도로 급수가 높다. 그러나 실은 주먹으로 상대를 제압하는 경우와 별반 다를 게 없는 수준이다. 보통 사람들은 논리적인 말로 남을 설득하는 것에 부담을 느끼는 편이고 그래서도 상대방이 화려하고 조직적인 말로 공격을 해오면 미처 대처해 보지도 못한 채 손을 들어버리거나 외면해 버리는 경우가 많다. 그러니 말로 한 풀 꺾인 다음에 손을 들어버린 순간, 그 순간엔 정말로 그 사람 말이 다 옳은 것처럼 들렸는데 돌아서서 찬찬히 정리해 보면 '그게 아닌데…'로 결말이 바뀌는 수도 허다하다. 말로만 설득 당했을 때의 부작용이다.

진정한 싸움의 고수가 되려면 마음으로 상대를 굴복시킬 수 있는 기술이 있어야 한다. 상대방이 마음으로 이해할 수 있도록 설득해버린 사람은 진짜배기 승자가 될 수 있다. 상대가 패배를 인정하도록 깔끔한 승리를 쟁취했기 때문이다.

삶에서 경쟁은 피할 수 없는 일이고 경쟁을 하면 이기고 싶은 것이 보통 사람의 마음이다. 동서고금의 사상가들은 어찌 하는 것이 진정으로 경쟁에서 이길 수 있는 방법인가를 다양하게 제시하였고, 노자 역시 다르지 않았다.

그는 마음으로 승복하도록 하여 정당하게 승리를 쟁취하는 법 위에 한 단계 높은 전략이 있다고 했다. 그것은 싸움 자체를 드러내지 않도록 하는 법. 그러니까 내놓고 경쟁한다고 떠벌리지 않으면서 결국 상대를 제압하는 법을 찾으라는 주문이다. 조용한 태도로 스스로를 낮추는 것은 일단 넘치는 에너지를 주체 못하는 상대의 전투의지를 꺾어 놓을 것이고 그리되면 좀 더 안전하게 자신이 원하는 바를 얻을 수 있다는 말인데, 이는 싸움의 세계에서 최고수가 되고픈 사람이 수련을 통해 드디어 이를 수 있는 경지일 것이다. 자기의 희망을 안에 재워두고 일단 상대의 의견을 청취할 수 있는 여유는 간단하게 얻어지지 않기 때문이다. 물리적 힘 보다 지혜로움이 더 큰 승리를 얻을 수 있는 재산이라는 말씀이다.

제61장

큰 나라는 자신을 낮추니
천하가 만나는 곳이며
천하의 암컷이다.
암컷이 항상 고요함으로 수컷을 이기는 것은
고요함으로 낮추기 때문이다.
그러므로 큰 나라가 작은 나라에 낮추면
작은 나라를 취하고
작은 나라가 큰 나라에 낮추면
큰 나라에 받아들여진다.
그렇기 때문에 낮춤으로써 취하기도 하고
낮춤으로써 받아들여지기도 하는 것이다.
큰 나라는 남을 끌어안아 기르고자 하는 것에 불과하고
작은 나라는 받아들여 섬기고자 하는 것에 불과하니
양자가 서로 원하는 바를 얻으려면
큰 것이 마땅히 낮추어야 한다.

예순둘,
방에 관한 단상

道者萬物之奧 : 도는 만물을 따뜻이 감싸준다.

2005년 한국에 사는 사람들은 두 종류로 나눌 수 있다. 아랫목을 아는 세대와 모르는 세대. 지금처럼 아파트가 대중화되지 않았고 도시가스 같은 편리한 연료가 널리 사용되지 않았을 때 그러니까 1980년대 초반까지만 해도 도시 대부분의 가정에서는 연탄이나 석유로 난방을 했었고 그 시절의 방에는 아랫목이 존재했다. 방전체가 난방기류를 탈 수 있는 게 아니라 방바닥 중의 특정 부분에만 집중적으로 따뜻해지고 그 부위를 중심으로 온기를 나누어 가지는 시스템은 가정용 보일러가 처음 보급될 초창기만 해도 그전의 구들장과 별반 다름이 없었다. 당연히 외풍도 심하여 바닥엔 온기가 있더라도 공기는 여전히 서늘한 방들이 보통사람들의 겨울철 주거형태였다.

좀 더 규모가 큰 집이나 작은 집을 막론하고 정도의 차이는 있을지언정 비슷한 환경이었을 것이다.

요즘은 겨울에도 반팔차림으로 지내는 것이 별난 일이 아닌 정도로 한껏 높아진 실내온도로 겨울 속의 여름 같은 집들이 허다하다. 심하게 추위를 타는 나조차 좀 너무하다 싶을 정도로 우리네 집들의 겨울철 실내온도는 필요이상으로 높은 게 사실이다. 올해는 내복입기운동 같은 캠페인을 통해 실내온도를 낮추고 에너지 절약을 실천하자는 움직임이 있는데다가 개인들의 자각이 더해져서 조금씩 달라지는 징후를 보이기도 하지만. 어쨌든 1990년대 이후 실내에서 겨울철 추위를 실감한 기억은 거의 없을 정도로 따뜻하게 살았더랬다. 예외라면 1996년 겨울방학 동안 독일에서 머물 때였다. 그렇게 추운 실내에서도 사람이 살 수 있다는 경험은 신선한 경험이었다. 그 집에서 난 두툼한 운동복에다 양말까지 신은채로도 잘 잘 수 있다는 것을 알았다. 내가 신세졌던 집이 넉넉지 않은 유학생 부부의 집이었기 때문에 좀 더 심했을지 모르나 그 동네에선 그리 특이한 상황은 아니었던 것 같다. 대학의 도서관도 우리처럼 너무 건조해질 정도로 심한 난방을 하지는 않았다. 그 때 난 별 생각 없이 낭비하는 것들이 난방열만은 아닐 것이라는 반성도 얼핏 했을 것이다.

오늘처럼 올겨울 최저기온이라는 추운 날엔 거리에서 처음 만난 꼬마에게 '춥지?' 한마디 할 수도 있고, 지나치며 만난 친하지 않은 사람들 끼리 날씨에 관한 인사를 나눌 수도 있다. 그러고 보면 날이 추우면 따뜻함이 그립기 때문에라도 마음의 온기는 더해지는 것 같다.

우리가 난방 상태 좋은 집에서 따뜻한 겨울을 날 수 있게 되었다는 것은 그만큼 경제적 조건이 좋아졌다는 말이다. 그러니 한 방에서 여러 식구가 모여 한 이불에 발을 넣고 추위를 녹이는 풍경은 이제 나이든 이들의 기억 속에나 있는 일이다. 그런데 우리들 마음도 높아진 실내온도 만큼 더 따뜻해졌는지는 알 수 없는 일이다.

아랫목의 따뜻함을 함께 나누었던 지난 시절의 풍경을 그리워하는 것은 추웠던 실내기온을 추억 한다기보다 그 속에서 나누었던 마음 때문이다. 그것은 다른 사람을 감싸주고 같이 할 수 있는 품성에 대한 그리움이다. 노자가 말하는 도도 그런 마음에서 그리 멀리 떨어져 있진 않은 것 같다.

제62장

도는 만물을 따뜻하게 감싸주니
착한 사람의 보배요
착하지 않은 이가 간직해야 할 바이다.
멋진 말은 값어치가 있고
훌륭한 행실은 사람에게 베풀 수 있다.
착하지 않은 사람이라고 어찌 버릴 수 있는가!
그러므로 천자를 세우고 삼공을 둔 것이다.
비록 한 아름의 보배를 싣고 네 필 말이 끄는 수레로 방문하더라도
가만히 앉아 이 도에 나아가는 것만 못하다.
옛날에 이 도를 귀히 여겼던 까닭은 무엇인가?
구하면 얻을 수 있고 죄가 있어도 면할 수 있기 때문이 아니었는가!
그러므로 천하의 귀함이 된다.

예순셋,
작은 것이 아름답다

圖難於其易, 爲大於其細 : 어려운 일은 쉬운 데에서 도모하고, 큰일은 작은 데에서 한다.

나는 한여름 싱그러운 녹색의 나뭇잎 위로 구르는 빗방울, 완만한 곡선으로 뒷산과 이어지는 산사의 처마선, 아파트 화단에 새로 핀 작은 꽃, 산골마을 할머니 얼굴의 주름, 막 출산한 산모의 부은 얼굴, 이른 새벽 일터로 향하는 가장의 어깨 그런 것들의 아름다움을 볼 수 있는 사람들의 심미안을 신뢰한다. 어려운 미술작품을 현학적인 수사로 해석하는 미술 평론가의 심미안도 의미 있겠지만 그보다는 그러니까 생활의 작은 부분에서 발견하는 아름다움에 가치를 둘 수 있는 생활인의 미학을 믿는 편이다. 안온한 눈으로 바라보면 눈앞에 보이는 많은 것들이 그렇게 보기 좋을 수가 없다. 나이가 들어가면서 확장되는 것 중의 하나가 주변의 것들을 미세한 시선으로 바라볼 수 있다는 점이고 나아가 그것들의 아름다움을 챙기게 된다는 점이다. 지나가 버려서 아쉬운 것들과 그래서 아까운 것들이 더 많아지는 것과 함께 말이다.

독일 태생의 영국 경제학자 E.F.슈마허는 1973년에 출간한 경제비평서 『작은 것이 아름답다』에서 중간기술론을 전개하였다. 중간기술론은 자원재생과 지역에너지 활용을 고려한 기술로 지역의 고용관계까지 배려한 이론이며 이를 통해 양적 성장을 강조하는 과학기술 발달이 불러 온 부작용을 직시하고 그것을 지양해 가자는 취지를 설명하였다. 결국 중간기술론은 생태계를 고려한 소규모의 기술개발에 주목해야 한다는 주장이다. 산업과 경제, 정치 문제를 다룬 이 책의 골 아픈 관점에도 불구하고 책 제목이 너무 좋아서 많은 사람들이 다양한 맥락에서 종종 인용하는 문구이다. 나 역시 참 좋아하는 문구인데 특히 일상성에 주목하는 근간에는 더 자주 인용하는 문장이다.

크고 강한 것만이 최고인 줄 알았던 우리에게 작은 것이 아름다울 수도 있다는 주장은 기막힌 발상의 전환을 권유한다. 시작은 미약했으나 그 끝은 창대하리라 했던가. 수신제가에서 비롯하여 치국평천하의 이상을 실현한다고도 했다지. 작은 것의 미학을 이해하지 못하고서는 크고 강한 결말을 이룰 수 없다는 삶의 지혜는 동서양 사상의 곳곳에 숨어있다. 그럼에도 불구하고 눈에 보이는 것만 추종하는 습성도 우리들 안에 있는지라 체할지언정 우선 급하게 많이 먹고 싶었던 것이다.

아직 꽁꽁 언 겨울날 나무의 내부에서는 나이테가 생긴다. 봄에서 여름까지 성장이 왕성할 때는 세포가 크고 엉성하기 때문에 옅은 색을 띠다가 가을이 되면 성장이 느려지면서 월동준비를 하게 되고 조직이 치밀해지면서 짙은 색을 띠게 되는데 이것이 나이테다. 겨울을 잘 견딘 나무는 나이테 하나가 더 만들어지는 것이고 나무의 나이가 그만큼 더해지는 셈이다. 이 어려운 시기를 거치지 않고는 누구라도 설레게 만드는 봄날의 연녹색 새순을 만들어 낼 수가 없는 법이다. 새순이 나지 않으면 화려한 꽃과 열매는 더더욱 기대할 수 없는 일이다.

밥을 지어서 식사를 하고, 내 주변의 청소를 하고, 사람들의 표정을 살피는 일들이 결코 대장부에게 적합하지 않은 사소한 일이 아니다. 이런 작은 것들을 잘 품어내는 사람이 결국 더 큰 장에서 그 원대한 일을 해낼 수 있는 것이다. 작은 것들이 쌓여서 어느 날 활연관통하는 경지에 이를 것을 기대할 수는 있지만, 그분이 오셔서 한 순간에 득도할 수 있는 길은 극히 제한적이거나 불가능하다는 것을 짚고 넘어갈 일이다.

제63장

무위를 행하고
일삼지 않는 것을 일삼으며
무미한 것의 맛을 보니
작은 것을 크게 여기고, 적은 것을 많게 여기며
원한을 덕으로 갚는다.
어려운 일은 쉬운 데에서 도모하고,
큰일은 작은 데에서 하니
천하의 어려운 일은 반드시 쉬운 데에서 일어나고
천하의 큰일은 반드시 작은 데에서 생긴다.
이 때문에 성인은 큰 것을 꾀하지 않으므로
큰 것을 이룰 수 있다.
무릇 가벼운 승낙은 믿기 어려우며
쉬운 것이 많으면 반드시 어려움도 많아진다.
이 때문에 성인은 오히려 어렵게 여긴다.
그러므로 어려움 없이 마칠 수 있다.

예순넷,

징후, 떨어지는 잎새 하나로 가을이 올 것을 짐작한다
一葉落知天下秋

爲之於未有, 治之於未亂 : 아직 드러나지 않았을 때 행하고, 아직 어지러워지지 않았을 때 다스린다.

"앞서가는 사람은 남의 길을 따라가지 않는다. 앞서가는 사람은 변화를 피하지 않는다" 자동차를 선전하는 광고 카피이다. 변화를 피하지 않는다는 말은 변화를 잘 활용하는 것으로 해석할 수 있다. 변화에 능동적으로 대처한다는 것이 말처럼 쉬운 일은 아니기에 그렇게 할 수 있는 사람은 앞서갈 수밖에 없는 것이다. 새로운 상황에 대해 적절한 방식을 취한다는 것은 이전의 방식을 복제하는 것일 수 없으니 남의 길을 따라가지 않는 것이다. 광고카피 하나를 둘러싸고 참 많은 생각을 할 수 있게 하니 그걸 만드는 사람들의 노고를 새삼 느낀다.

사람에게는 다양한 성향이 잠재되어 있는 만큼 그 중의 어느 것이 튀어 나와 행동으로 옮겨질지 예측하기 어려운 점이 있다. 습관적으로 많이 선택되는 부분이 있긴 하다. 그래서 어떤 이는 행동 보다는 생각이 많아서 지레 포기하는 경향이 농후한 소심형이거나 반대로 주먹이 먼저 나가는 행동파라는 등의 개성을 지닌다. 그렇지만 소심형에게도 웅대한 기상 한 자락은 깔려 있는 법이고 행동파라 해도 소심한 부분이 있다. 사람의 개성은 그 사람의 다음 행동을 짐작하게 하는 단초가 되기도 한다. 그런데 참 알 수 없는 사람들이 있다. 그들은 두 가지 경우로 나뉘는 데 하나는 지나치게 즉흥적이어서 어디로 튈지 모를 사람이고 다른 하나는 시시각각으로 변화하는 상황에 세련되게 대처하기에 일정한 패턴에서 벗어난 사람이다. 그리고 우리는 이렇듯 세련된 센스를 지닌 인간이 되고 싶다는 희망을 갖는다.

이런 사람들의 특징은 한 발 앞서서 행동한다는 특징이 있다. 미리 파악하고 그에 대처하기 때문이다. 이미 벌어지고 난 다음에는 다만 그 일을 수습할 뿐이지 주도적으로 그 상황의 중심에 서기가 어려운 법이다. 예컨대 이율곡이 주장했던 십만양병설은 세력 확장을 도모하는 왜군의 침략 가능성이 매우 높은 시세이니 그에 대처하기 위해 대비하자는 주장이었다. 병력 강화라는 것은 단

시일에 되는 일이 아니기 때문에 미리 준비하지 않으면 실효를 거두기 어려운 일이다. 이런 대비 없이 적의 침략을 당하는 상황에 놓이면 당연히 낭패를 보기 십상이다. 세상 돌아가는 정황을 보고 다음에 도래할 상황을 예측한 다음 그에 대비하는 자세는 언제 어디서나 세상에 처하는 최선의 방식일 터이다.

그러니까 조짐을 보고 짐작을 하는 것이다. 평지돌출은 없는 법, 자각하든 못하든 간에 그 싹은 이미 보였을 터이다. 따지고 보면 '불현듯'도 불현듯이 아니라 어떤 식으로든 쌓여오던 것이 딱 그때 드러난 것일 뿐이다. '느닷없이 보고파서', '걷잡을 수 없이 안고파서'는 그를 생각하는 마음이 안으로 고여 있거나 혹은 잠재된 형태로 그녀를 향하는 마음이 자라오다 어느 순간에 드러나는 감정이다. 인과로 모든 현상을 파악하는 불교의 논리는 사실에 대한 참으로 간명한 파악이다. 가을은 그저 와버리는 것이 아니라 한 잎 두 잎 낙엽 날리는 과정을 거친 다음에 도래하는 사건인 셈이다. 그러니 가을이 깊어가면 동장군의 위세를 미리 예비하는 것이 지혜로운 자의 선택이다.

제64장

편안한 때에 지키는 것이 쉽고,
아직 조짐이 없는 것은 도모하기 쉬우며
연한 것은 녹기 쉽고, 미약한 것은 흩어지기 쉽다.
아직 드러나지 않았을 때에 행하고
아직 어지러워지지 않았을 때에 다스려야 하니,
아름드리 나무도 터럭 같은 싹에서 시작하고
아홉 층이나 되는 누각도 흙 한 덩이로부터 세워지며
천리의 여행도 발끝에서 시작된다.
작위하려는 자는 실패하고
잡으려는 사람은 잃어버린다.
이 때문에 성인은 무위하므로 실패하지 않고
잡으려 하지 않기에 잃지 않으나
사람들이 일을 할 때에는 항상 거의 이루었다가 실패한다.
마침을 신중히 하기를 처음과 같이 하면 일을 실패하지 않는다.
이 때문에 성인은 욕심내지 않고자 하니
얻기 어려운 재화를 귀히 여기지 않고
배우지 않는 것을 배우면서 뭇 사람들이 잘못한 것을 회복한다.
만물이 스스로 그러하도록 돕되 감히 작위하지는 않는다.

예순다섯,
요가 수련 10개월 차

古之善爲道者, 非以明民, 將以愚之 : 옛날에 도를 잘 행하던 사람은 백성을 명석하게 하지 않고 우직하게 만들었다.

이 세상에서 일어날 수 있는 모든 일에서 나 또한 자유롭지 않음을 자각한 것은 작 년 이 맘 때 자동차 사고를 당하면서이다. 멀쩡히 신호대기 하던 우리 차를 엄청난 속도로 달려든 뒤차가 받아버려서 내가 탄 차는 강남대로의 널따란 횡단보도 넘어 멀찌감치 튕겨져 나가야 했다. 신호대기 중 운전하던 후배와 몇 마디 이야기를 나눌 정도의 시간이 흘렀으니 뒤차는 당연히 속도를 늦추고 설 수 있는 환경이었다. 상식적으로 이해할 수 없는 상황에서 사고는 발생하는 것이고 그 중심에 내가 서 있을 수도 있음을 알았다. 덕분에 119구급차도 타보고 2005년의 첫날을 우울한 병원에서 맞이해야 했으며 그 겨울 내내 치료를 받아야 했다.

아무리 나쁜 경험도 아무것도 경험하지 않았던 것 보다 낫다 했던가. 난 그 우울했던 사고 덕분에 잠깐 사이에 예기치 못한 상황에 처할 수 있으니 곁의 소중한 사람들과 충분히 잘 지내는 것이 얼마나 귀한 일인가를 알 수 있었고, 어렵고 힘들 때 힘이 되어주는 가족과 친구의 존재를 세삼 절감하였으며, 내게 주어진 평범한 일상을 진정으로 고마워하게 되었다. 게다가 재활(?)을 목표로 시작한 요가의 재미를 맛보게도 되었다. 지난 3월부터 지금까지 10여개월 동안 꾸준히 요가강좌에 나가고 있다. 이제 집에서도 가볍게 40분 정도는 다양한 아사나를 해 볼 수 있다. 공부의 보람이란 진보를 자각하고 그것에 기뻐할 수 있을 때 찾아진다는 걸 알겠다.

난 내가 하고자 해서 선택한 일이라면 할 수 있는 만큼의 최선을 다하자는 소박한 희망이 있다. 그래서인지 지속하는 데에 강한 편이다. 기제既濟지나 미제未濟에서 마감함으로써 지속하는 것의 미덕을 상징적으로 설파한 『주역』의 가르침은 삶의 지혜를 알려 준다.

나로서는 요가 이전에도 운동을 지속적으로 해온 터라 요가 수련이 그리 어려운 과정은 아니었다. 그런데 나보다 삼 개월 정도 뒤에 들어와서 열심히 나오시는 어떤 여자 분의 처음 몸동작은 보는 사람이 안타까울 정도로 유연성도 없고 힘이 부치는 모양이었다. 그런데 육 개월 정도 열심히 하시더니 요즘은 일취월장의 진보가 보이는데 그런 모습을 바라보는 것은 즐거운 경험이다. 마음을 두고 꾸준히 지속하는 사람을 따를 자는 없다!

속도가 중시되고 더 빠르고 더 새로운 것이 선전되는 오늘 나는 오히려 온달과 같이 우직한 사람이 그립다. 새로운 것이 신선하고 재미있는 것은 사실이지만 그것이 뿌리 없는 허상에 불과한 것이라면 순간을 넘어 이어질 수 없다. 재미있는 일이 결국 재미없는 일로 막을 내릴 수 있는 것이다. 말초적 재미는 덜하더라도 한 걸음 한 걸음 찬찬히 걸어서 계단 끝에 올라섰을 때의 시원한 맛을 아는 사람의 움직임에 대해서는 어렵지 않게 신뢰가 간다. 마지막 순간의 고소한 느낌을 보장해주기 때문일 것이다.

우리가 지금처럼 너무 빨리 싫증내고 자꾸만 더 신선한 것을 요구하다 어느 순간 허당으로 풀썩 쓰러져 내리지는 않을까 걱정스럽다. 그러지 않기 위해서라도 똑똑하고 민첩한 사람이 인정받는 것처럼 우직하고 성실하게 제 길을 가는 사람도 대접받을 수 있는 세상을 꿈꾼다.

제65장

옛날에 도를 잘 행했던 사람은
백성을 명석하게 만들지 않고
오히려 우직하게 만들었으니
백성들을 다스리기가 어려운 것은
그 지모가 많기 때문이다.
그러므로 지모로 나라를 다스리는 것은
나라를 해치는 것이고
지모로 다스리지 않는 것이 나라의 복이니
이 두 가지를 아는 것이 한결같은 법식이다.
이러한 한결같은 법식을 아는 것을 일러
현묘한 덕이라 한다.
현묘한 덕은
깊고도 아득하여
세상의 사물과 반대가 되는 것 같지만
그런 후에야 크게 순응하는 데에 이른다.

예순여섯,
내가 그날 기뻤던 이유는

聖人處上而民不重 : 성인은 위에 처하더라도 백성이 부담스러워 하지 않는다.

지금의 대통령이 대통령으로 당선되었던 날에 내가 기뻐했던 이유는 이젠 좀 달라질 것이라는 기대 때문이었다. 삼김으로 대표되는 한국 근현대 정치사의 굴절을 넘어서는 새로운 국면에 대한 기대였다. 상대적으로 젊은 나이에다가 갚아야 할 빚도 적을 테니까 구태에서 벗어난 정치를 할 수 있으리라는 믿음도 있었던 것 같다. 그날 이후로 이년이 넘고 삼년이 다 되어가는 오늘까지 대통령에 대한 그렇게 다양하고도 적나라한 비판이 가능하다는 사실에 놀라기도 하고 신기하기도 하였다. 현직 대통령을 탄핵하는 사건까지 있었으니까.

오래된 관행을 바꾸는 것이 얼마나 어려운 일이며 같은

자리에서 이전 사람과 다르게 행하기는 또 얼마나 힘겨운 일인지를 관찰하며 나 역시 실망하지 않을 수 없었다. 그럼에도 불구하고 긍정적인 측면은 분명 존재한다. 나로서는 경솔하다고 비판되는 대통령의 언행이나 일상적인 대화처럼 이야기하는 화법이 대통령도 보통사람에서 멀리 있지 않음을 증거 한다는 면에서는 나쁘지 않다고 본다.

국정운영과 연관된 골치 아픈 문제를 여기서 제기하고 싶은 생각은 없다. 다만 이제 더 이상의 영웅은 필요치 않다고 주장해온 평소 내 소신에 비추어 오늘 우리 대통령의 다소 가벼운 행보들이 나쁘지만은 않게 해석되는 점을 말하고 싶다. 왜 대통령은 주변 사람의 오금을 저리게 하는 권위로 일관해야 한다는 말인가. 왜 리더에게는 강하고 센 품성이 요구되어야 하는가. 이러한 요구는 말 그대로 구태의연한 생각이다.

이제 조직의 리더에게는 우리 옆에 있는 친근한 사람이라는 이미지가 필요하다. 구성원들과의 친화성이 좋아서 서로 설득하고 동의하는 합리적 과정을 통해 조직을 리드할 수 있는 사람이 지금 요구되는 리더상이지 않던가. 진정 강하고 힘센 사람은 물리적 힘이 아니라 부드럽지만 거부할 수 없는 제삼의 힘으로 타인을 끌어당긴다. 당연히 그는 다른 사람이 이해할 수 있도록 설득하고 조정하는 과정을 중요하게 여긴다. 그러자면 강압에 의한 것 보다 시간과 노력이 더 많이 들 테지만 그런 노력과 비용이 의미 있는 과정임을 그는 알고 있다. 이런 사람은 물론 조직의 리더로서 최적의 인물이다.

리더도 조직의 한 구성원으로서 전체 구성원들을 리드하는 역할을 담당하는 존재일 뿐 그렇다고 조직원들 위에 군림할 이유도 자격도 없다. 물론 그의 노동에 상응하는 유형·무형의 보상이 주어져야 할 것은 당연한 일이다. 특별한 가치 지닌 존재가 아니라 노동의 강도나 성격이 다른 존재일 뿐이다.

그럼에도 불구하고 조직원들은 그를 존경할 수 있다. 그건 환경미화원 아저씨의 건실한 생활을 존경하거나 환자에게 성심으로 대하며 자신의 의술을 펴는 의사를 존경하는 것과 다르지 않은 일이다. 그리고 오늘날 조직원들에게 존경받는 리더는 배려하고 소통할 수 있는 미덕을 가진 사람이다. 언제나 대중은 결국 현명한 법이어서 혹 그가 완전하지 못하더라도 지양해 갈 수 있는 사람이라 여기면 격려와 협조를 아끼지 않을 것이다. 리더도 우리와 같은 사람인데 모두 완벽할 수는 없지 않겠는가. 다만 그가 걸어가는 길, 그 방향에 주목할 뿐이다. 이제 우리는 자신을 한껏 낮추고 열린 마음을 보여 주기에 진심으로 존경할 수 있으며 선뜻 개인적인 고민을 털어 놓을 수도 있는 그런 편안한 리더를 기다린다.

제66장

강과 바다가 온갖 계곡의 왕이 될 수 있는 이유는
그가 아래에 잘 처하기 때문이다.
그러므로 온갖 계곡의 왕이 될 수 있다.
이 때문에 백성의 윗자리에 처하고 싶다면
반드시 그 말을 낮추어야 하고
백성에 앞서고 싶다면
반드시 그 몸을 뒤로 해야 한다.
이 때문에 성인은 위에 처하더라도 백성들이
부담스러워 하지 않고
앞에 있더라도 백성이 해롭게 여기지 않으니
천하가 좋아하며 추대하고 싫어하지 않는 것은
다투지 않기 때문이 아닌가.
그러므로 천하가 그와 다툴 수 없는 것이다.

예순일곱,
부드러움에서 비롯되는 용기

慈故能勇, 儉故能廣 : 자애롭기 때문에 능히 용감할 수 있고, 검소하기 때문에 능히 넉넉할 수 있다.

달랑 사랑만 갖고 사랑이 되는 줄 아느냐는 은하를 향해 사랑이 뭐 그리 복잡하냐구 그냥 사랑하면 되는 거 아니냐고 조용히 그러나 힘주어 말하는 석중의 소 같은 눈은 선하다. 영화 〈너는 내 운명〉은 진짜 사랑하는 여자에게 순결을 바치겠노라는 순수한 꿈(?)을 갖고 있는 시골총각이 다방 레지 은하를 만나 그 꿈을 이루어 가는 이야기이다. 이 청년은 사랑이라는 이름으로 상대가 티켓다방 종업원이라거나, 에이즈 감염자라는 사실까지 고스란히 받아들인다. 매일 아침 그녀의 집 앞에는 석중이 직접 짠 신선한 우유가 배달되고, 은하의 티켓을 사고, 자신의 분신처럼 아끼던 소를 팔기도 하는 남자의 사랑은 지고지

순하다. 심지어 감염의 위험성이 농후한 불치병도 싸안고 가겠다는 결단으로 그 사랑의 정도를 표현한다. 그의 진심은 얼어붙어 있던 은하의 심장을 녹이고 이윽고 서로 사랑하는 관계로 인도한다.

실화를 바탕으로 했다지만 흔한 스토리의 영화가 주연배우들의 호연을 등에 업고 올 가을 우리 극장가를 뜨겁게 달구었으며 많은 사람들은 기꺼이 많은 눈물을 뿌려주었다. 여전히 우리들 속에 잠재된 그런 사랑에 대한 그리움과 현실과의 괴리가 더 많은 눈물을 흘리도록 채근했을지도 모를 일이다. 게다가 배우의 연기가 너무 사실적이어서 그 감동이 더했음에 틀림이 없다. 올 우리 영화계의 수확 중 하나가 '배우 황정민의 발견'이라는 기사가 영화잡지에 오르내렸고 나 역시 그런 카피에 공감한다. 다듬어지지 않은 듯 투박한 인상 속에 연한 감성이 보이는 이 배우의 이미지는 신선하다. 배우 황정민이 곧 영화 속의 석중일 것 같은 착각이 들 정도로 잘 어울리는 역할이었던 것 같다.

우리가 아무리 스타일리쉬한 캐릭터에 넋을 놓고 세련된 첨단의 신사들을 흠모한다 하더라도 여전히 우직하게 진실을 이야기하는 남자를 그리워한다는 사실을 이쯤에서 고백해야 한다. 오늘 인터넷에서 돌고 있는 '딸아! 이런 남자와 결혼 하지 말아라'는 제하의 글을 봤다. 그 내용 중 마지막에 "딸아! 다정한 남자를 만나 결혼해라. 너를 굶기지 않을 정도의 돈을 벌고, 가끔 꽃을 사주기도 하고, 주머니에 따뜻한 커피를 숨겨 놓고 아내를 기다릴 만한 남자를 찾아라"는 당부가 나온다. 그리고 많은 사람들이 이 대목이 좋다는 댓글을 달아놓고 있었다.

상대를 배려하는 마음이 바로 자애로움일 것이고 이것이 있으면 죽음을 담보하는 행동도 불사할 용기조차 생길 수 있다는 말이다. 따뜻한 것이 언 것을 녹일 수 있고 부드러운 것이 어떤 강함도 이길 수 있다는 노자의 이야기는 헛말이 아니다. 아직 십이월 중순인 오늘도 이십 년 만의 초겨울 추위라는 보도 속에 서해안 일대는 열흘 이상 눈이 쏟아지고 있다. 온 나라가 꽁꽁 얼어붙은 것 같은 날들이다. 이처럼 추운 날일수록 사람의 진정을 느낄 수 있는 사랑이 참으로 그립다.

제67장

천하는 모두 나의 도가 너무 커서
닮은 것이 없는 것 같다고 한다.
오직 크기 때문에 닮은 것이 없는 것 같으니
만약 닮았다면, 오래 되었구나 그 자질구레함이여!
나에게 세 가지 보물이 있어서 지니고 보존하고 있으니
하나는 자애로움이고
둘은 검약함이며
셋은 감히 천하보다 앞에 나아가지 않는 것이다.
자애로우므로 능히 용감할 수 있고
검소하므로 능히 넉넉할 수 있으며
감히 천하보다 앞서지 않으므로 수장이 될 수 있다.
지금은 자애로움을 버리고 용기만 취하고
검소함을 버리고 넉넉함만을 취하며
뒤에서는 것을 버리고 앞서는 것만 취하니
죽을 것이로다!
자애로움을 가지고서
전쟁을 하면 이기고
지키면 견고할 것이니
하늘이 장차 그를 구해주는 것은
자애로움으로써 지키기 때문이다.

예순여덟,
냉정한 금식씨

善戰者不怒 : 잘 싸우는 사람은 노하지 않는다.

한 때 내가 몇몇 후배들에게 얼음공주로 불렸던 것은 다분히 내 얼굴 피부색이 희다는 데에 기인한다. 알고 보니 따듯한 사람이더라는 말은 첫인상이 냉랭해 보인다는 말과 다르지 않다. 낯가림이 다소 있는데다 흰 얼굴이 그런 인상을 만들었을 터인데 알고 보면 나 같은 다혈질도 그리 흔치 않을 것이다. 파르르 자기 분을 참지 못하는 사람은 절대 냉정한 인간이 될 수 없다. 더불어 성공하기도 어렵다. 희노애락의 감정 중 사람이 가장 참기 어려운 것이 노함이라 했던가. 난 그러한 보통의 정서에 충실히 닿아있는 사람이라 자평한다.

그래서일까 좀처럼 자신의 감정을 들어내지 않고 능란하게 사태를 처리하는 포커페이스족들은 내게 경외의 대상이다. 그만한 강도의 뉴스라면 분명히 감정의 동요가 있어야 할 터인데 그의 겉모습은 마음이 흔들린다고 생각할 수 없을 정도로 평온하다. 아무 상관없는 내가 오히려 흥분하는 경우까지 있을 지경이다. 냉정하게 사태를 파악해야 일의 실마리가 보이고 그걸 보아야 목적하는 결론에 도달할 가능성이 높아진다는 이론을 누군들 알지 못하겠는가. 문제는 항상 이론과 실제의 괴리에서 발생하기 십상이다. 그러니 금식씨는 누구보다 안정적으로 자신이 처리해야 할 문제의 해법을 찾아내고 또 그 길을 선택하기에 좋은 결론을 만들 수 있다. 그러니 금식씨는 조직의 중심에 서면 좋을 훌륭한 자질의 소유자라는 걸 인정한다.

어느 면으로 보면 사람은 다 거기서 거기인 것 같고 그래서 별 차이가 없는 듯싶다가도 어떤 순간에는 참 알 수 없는 것이 사람이라는 생각이 들 정도로 개별성이 두드러진다. 그러니 사람을 알아가는 것이 곧 세상을 알아가는 것이라 해도 틀린 말은 아닐 것이다. 유유상종이라 했던가. 나와 친한 사람들은 대부분 성향이 비슷해서 나처럼 현실대처능력 지수가 현저히 낮은 그룹이다. 예외의 몇몇 금식씨들을 보면 이질감과 함께 놀라움이 생긴다. 모종의 사건으로 우리들 모두가 지쳐 쓰러져 버렸을 때 뒷수습과 정리를 해 주는 것은 그들 몫이다. 아무 일도 없는 평소에야 개인의 특성이 선명히 드러날 일이 없다. 사랑하는 사람들도 어려움에 직면해 봐야 그들의 사랑 정도를 가늠해 볼 수 있다지 않은가.

자기 힘을 다 드러내지 않고 화가 나는 상황을 자제하며 상대 또는 문제 상황과의 정면충돌을 피하는 덕목은 그들 모두가 공통적으로 지니고 있다. 목청을 높이고 자기 분에 못 이겨 바로 흥분상태에 돌입하며 즉각 들이댈 태세로 분기탱천한 경우가 서로 통해있는 것처럼 말이다. 가슴에 손을 얹고 가만히 생각해 보니 역시 난 성공하긴 어려울 듯싶다. 아무래도 지구를 지키는 일은 금식 씨들에게 맡기는 것이 순리이지 싶다. 역시 노자는 고수의 세계를 논하는 측면이 다분하다. 그리고 그런 고수들이 현실의 게임에서 승리할 가능성이 높은 것은 두말의 필요가 없는 일이다.

제68장

장수 노릇 잘하는 자는 힘을 뽐내지 않고
싸움을 잘하는 자는 노하지 않으며
적을 잘 이기는 사람은 함께 맞서지 않고
사람을 잘 부리는 자는 상대에게 낮춘다.
이를 일러서 다투지 않는 덕이라 하고
사람을 부리는 힘이라 하며
하늘에 짝한다고 하니
옛날의 지극함이다.

예순아홉,
무장해제

抗兵相加, 哀者勝矣 : 대항하는 군사가 맞설 때에는 애통해하는 자가 이긴다.

사십이 넘으면 자기 얼굴에 책임을 지라는 말이 있다. 요즘엔 미리부터 자기 얼굴에 책임지려는 사람들이 많아서 성형외과가 분주할 지경이지만 말이다. 얼굴에 책임을 져야 한다는 말이 내포하는 의미가 주름 없는 피부에 반듯한 이목구비를 갖추라는 게 아님은 분명하다. 자기가 살아온 이력이 얼굴 표정과 그 분위기로 드러나기 마련이니까 잘 살아서 좋은 모습을 보이도록 하라는 뜻일 것이다. '성어중成於中, 형어외形於外(내면에서 이루어진 것이 밖으로 나타난다)'가 바로 그것 아닌가. 얼굴모습에서 보이는 분위기가 그 사람의 생활과 어쩌면 그렇게 일치하는지 속일 수 없는 인간의 반경이여!

그래서 어떤 사람이 모종의 사건을 계기로 심기일전했다는 건 그의 자세한 고백이 없더라도 그의 얼굴을 통해 읽을 수 있다. 여러 번 사랑에 배반당하고 상처 입은 여인의 신산한 모습, 굴곡 없이 대략 성공일로를 걸어 온 건실한 전문직 남성의 매듭 없는 표정, 자기 정진에 열심인 수도자가 보여주는 솔향기 나는 분위기, 역경을 딛고 자수성가한 전문경영인에게 보이는 조심스러움을 동반한 자신감. 자기 살아 온 역정이 숨김없이 외화 되는 현상은 재미있는 한편 두렵기도 한 일이다.

보통은 나이가 들어 갈수록 생각이 복잡해지고 자기 욕심도 굳어지면서 얼굴 표정도 닫히는 경향이 있다. 상대에게 얕보이면 손해라는 교훈을 얻었다면 다소 공격적인 분위기가 상대를 압도하는 무게를 만들어 낼지도 모른다. 암튼 이런 저런 사정으로 재조직된 어른의 모습과 아이의 표정은 그 세월의 격차만큼이나 차이가 난다.

그러나 예외 없는 법칙은 없다고 주변을 둘러보면 물리적 나이는 장년이나 노년에 이르렀는데도 표정의 나이는 아이를 넘지 않은 듯 보이는 사람이 있다. 내가 좋아하는 그 언니는 낼 모레가 오십인 나이인데 자기 나이보다 훨씬 어려 보이는 것은 물론이고 그 표정이 천진해서 사람들의 마음을 포근하게 해 준다. 이십 년 이상 결혼 생활을 했으며 슬하의 아이 둘도 산만큼 커지도록 생활인으로 살았는데도 여직 소녀 적의 여린 감성이 많이 남아있다. 너무 많은 것들을 이미 알고 있는 요사이 소년소녀들에 비해 오히려 더 소녀 같은 그녀의 감성이 그 표정에 숨김없이 드러난다. 술도 잘 마시고 춤도 잘 추는 언니는 따뜻한 마음까지 그 안에 있으므로 사람들이 편안하게 다가서도록 해 준다.

그녀처럼 타인이 그를 보면 무장해제 하도록 만드는 사람들이 있다. 그가 특별히 무어라 말하거나 계획하지 않았더라도 단지 그 표정만으로도 나의 공격성을 녹여버리기에 충분하다. 혹 그에게 불만이 있더라도 그와는 굳이 충돌할 필요까지 없고 그에게는 그럴 수밖에 없었던 이유가 있을 것이라고 스스로 이해하고 정리하도록 만드는 사람이다. 그는 불필요한 충돌을 초래하지 않으며 그래서 싸우지 않고도 이긴다.

그런 고수까지는 바라지 못할 지라도 보기 좋게 나이 들어가는 길을 누구라고 마다하겠는가. 예쁜 것을 예쁘게 여길 수 있고, 좋지 않은 것에 대해서는 좋지 않다고 말할 수 있으며, 내 옆의 사람들을 배려하고, 게을러지려는 몸과 마음에 적절한 자극을 줄 수 있는 생활이라면 그렇게 될 수 있을까. 아니 화분에 물 잘 주기, 제 때에 제대로 된 식사하기, 일찍 자고 일찍 일어나기. 이런 것들부터 잘 하고나서 다시 생각해 볼 것. 흠흠.

제69장

병사를 쓰는 데에 이런 말이 있다.
나는 감히 먼저 군사를 일으키지 않고 단지 응적할 뿐으로
감히 한 치를 나아가지 않고 한 자 물러선다고 한다.
이것을 일러, 행군하는데 진영이 없고
팔뚝을 걷어 부치려는데 팔뚝이 없으며
당기려 해도 적이 없고
잡으려 해도 군사가 없다고 한다.
적을 얕보는 것보다 더 큰 화는 없으니
적을 얕보다가는 자칫 나의 보물을 잃게 된다.
그러므로 서로 대항하는 군사가 맞설 때는
애통해 하는 자가 이긴다.

일흔,
주인의식

言有宗, 事有君 : 말에는 근본이 있고 일에는 중심이 있다.

커다란 강의실에 100명 가까운 이십 대의 젊은이들이 앉아있으면 의자 몇 개가 비어 있더라도 우선 꽉 찼다는 느낌이 든다. 전공 강의에는 많아야 스무 명 안팎의 학생들이 강의실을 지키는 것이 보통이고 어떤 강좌엔 마치 대학원 강의처럼 홑 수 학생들이 앉아있는 경우도 있다. 그런데 교양강의는 어떤 학문분과를 막론하고 대단위 추세이다. 여하튼 학생들이 한 눈에 다 들어오지 않는 강의실은 학생과 선생의 교감과 대화가 중요한 강의에서 일단 좋지 않은 조건이다.

난 숫자나 이름, 제목 같은 것을 외는 일에 엄청 약하다. 영화를 그렇게 많이 보지만 주연배우의 이름은 항상 한 글자만 맴돌던지 완전히 암전이던지 하는데다 너무 유명해서 안 본 사람도 다 아는 영화제목을 기억하지 못하는 일도 다반사다. 그런데 유독 내 강의를 함께하는 학생들의 이름만은 누구보다 훨씬 잘 기억할 수 있다고 자부하는 편이다. 강의 시작 후 며칠만 지나면 선생이 그 많은 학생들 이름 다 왼다고 착각하는 학생이 있을 정도로 많은 학생들의 이름이 절로 머리에 들어온다. 그리고 강의 중에 이름을 거명하여 그 학생의 의견을 청취하는 걸 좋아한다. 이름을 불린 학생들이 자네라는 이인칭이 아니라 정확한 자신의 이름이 불렸다는 데에 살짝 놀라면서 좀 더 진지해지는 모습은 십 년 전이나 지금이나 마찬가지이다. 모둠생활을 하는 사람이 다중 속의 한 사람이 아닌 특별한 개인으로서의 나를 자각한다는 것은 의미 있는 경험일 것이다.

내가 주인인 경우와 들러리로 참여하는 경우는 성취감이 다르다. 아무리 거대 사업이었다 해도 내가 거기서 들러리 이상의 역할이 아니었다면 경제적 소득이 짭짤했다 하더라도 그 이상은 아닐 것이다. 반대로 작은 일이라도 내가 주도적으로 참여했을 때, 꼭 대표가 아니었을지라도 적극적으로 내 역할을 소화해 내었을 때의 성취감은 자기 돈을 쓰는 일이었을지라도 남다른 것이다. 그런데 묻어가는 인생이라는 유행어를 재미있어 하는 내 마음 속엔 책임질 일은 피하고 분위기 잘 파악해서 주변인과 동반 상승하는 것도 나쁘지 않으리라는 심정이 들어 있을지도 모른다.

그러나 안락한 것 말고도 추구할 만한 삶의 가치는 많이 존재하는데 그 중 내가 중심이라는 의식을 펼쳐 보는 것은 생각 보다 고소한 일이다. 그러기에 나는 학생들을 향해 "내가 있는 곳이면 선택의 경위가 어찌 되었든 그곳이 어디든 내가 주인이라는 생각을 해 보자!"는 주문을 한다. 물론 이것은 스스로에게 거는 주문이기도 하다. 교학상장敎學相長이라 하니 가르치는 자와 배우는 자는 서로 성장하게 하는 법이다. 나로서는 학생들과 만나는 시간을 위해 공부를 하고 그 속에서 나의 부족함을 선연하게 발견하며 내가 가고 싶은 길을 학생들에게 권유함으로써 곧 스스로에게 말하는 것이다.

소박한 삶의 결들을 이야기 하고 그것들을 살펴가는 길이 결국 거대담론의 틀과 이어지는 법이다. 작은 생명의 소리를 들을 수 있는 자라야 우주의 숨소리를 이해할 수 있는 데에로 나아갈 수 있다. 그리고 그 걸음 안에는 내가 들어 있어야 한다. 그게 철학하는 자, 혹은 철학적 삶의 첫걸음이자 마지막과도 통하는 길이다.

제70장

내 말은 매우 알기 쉽고 매우 행하기 쉬운데
천하가 알지 못하고 행하지도 못한다.
말에는 근본이 있고 일에는 중심이 있는데
무릇 그것을 알지 못하기 때문에
이로써 나를 알지 못한다.
나를 아는 자가 드물어지면
나는 귀해진다.
이 때문에 성인은 거친 베옷을 입고 옥을 품는다.

일흔하나,
자가진단

聖人不病, 以其病病, 是以不病; 성인에게는 병이 없으니 자기의 병을 병으로 여기기 때문에 병이 없는 것이다.

지금 온 나라에 떠들썩한 뉴스는 열흘 이상 계속 내리는 서해안의 눈과 '황우석 연구팀'이다. 날씨 기록을 시작한 이후 12월 추위로는 최저라는 보도와 함께 영하 10도를 훌쩍 넘어서는 날들이 삼한사온도 무시한 채 이어지고 있다. 시베리아에서 이동 한 차가운 공기가 우리나라 상공으로 몰려 온 것이 추위의 원인이며, 상대적으로 높은 온도의 해수와 그 찬 공기가 만나 쉽게 눈구름을 형성하는 것이 서해안 폭설의 원인이라 한다. 때 이른 겨울날의 눈피해가 농가의 시름을 가중시킨다는 뉴스는 도시 생활의 안락함 속에 있는 사람들의 마음도 편치 못하게 한다.

그래도 이건 자연재해에 속하는 만큼 마음 아프고 근

심스럽기는 해도 불가항력의 문제인 것에 비해 '황우석 연구팀'의 복제배아줄기세포 연구가 애초 발표내용과 다르다는 보도는 사람의 심정을 참담하게 한다.

나 역시 그들과 같은 나라 사람인데다가 지난 봄 그들의 연구결과가 '사이언스'지에 발표된 일을 뿌듯하게 여겼던 자로서 밖으로 낯을 내 놓기가 부끄러운 심정이다. 아직 조사가 진행 중이라지만 배아줄기세포 연구의 허브가 되리라던 한국의 꿈은 일단 근거를 잃은 듯하다. 처음에는 연구에 사용된 난자와 연관된 윤리문제로 시작해서 불거진 일이 결국엔 연구 자체의 진위논리로 확대되었다. 어떤 일이라도 완전히 나쁘기만 한 일은 없다고 위 연구팀 연구의 진위논란에 적극적으로 참여했던 우리 젊은 과학자들의 소명의식을 발견한 것은 우리나라 과학계의 미래를 위해 다행스러운 일이다.

여론을 의식하여 먼저 진실을 말하려 하지 않았던 기성의 과학자들에 비해 포항공대 생물학연구정보센터에서 운영하는 사이트 브릭BRIC의 게시판에는 진실을 밝히려는 젊은 연구자들의 과학적 태도가 설득력 있게 반영되었다.

한 연구원은 "과학은 사실을 가지고 진실을 밝히는 것"이라는 말로 자신들의 의지를 표명했다. 뉴욕타임즈 같은 외신에도 브릭의 활약을 중심으로 존재하는 한국내의 자정노력을 긍정적으로 보도했다고 한다. 비과학적인 태도로 문제를 피해가려는 태도에 반대하고 과학도로서 지켜야 할 기본을 말하였던 젊은 과학도들. 사정을 들으니 그들도 인문학 연구자들 못지않은 열악한 대우를 감수하며 연구 중이라 한다. 어느 동네나 자본이 몰리는 데는 정해져 있는가 보다. 이번 일을 계기로 권위나 권력이라는 이름 아래 자행되는 학계의 거짓된 풍토를 전반적으로 반성할 수 있으면 불행 중 다행으로 여길 수 있을 것이다.

진실하지 않은 이는 자신이 지금 무슨 짓을 하고 있는지, 그게 병인지 약인지에 관심이 없다. 단지 이익이 되는지 아닌지에 촉각을 세울 뿐이다. 허나 제아무리 대단한 성과라도 그것이 거짓된 것이라면 언젠가는 밝혀지고야 만다는 것은 오늘의 사건과 인간의 역사를 통해 매번 배워왔던 일이지 않던가. 그러자면 병 있는 자들이 자신의 지병이 사회의 악이라는 사실을 스스로 알고 부끄러워 할 수 있도록 주변에서 도와 줄 필요도 있다. 눈앞의 욕심을 넘어서는 시야로 '진짜 것'을 말하는 사람들의 용기에 박수를 쳐 줄 수 있는 세상이라면 그럴 수 있지 않겠는가. 오늘의 부끄러운 뉴스가 그런 길로 나아가는 길목으로 기여할 수 있기를 바랄뿐이다.

그러나 누군들 잘못을 저지르지 않고 살아갈 수 있겠

는가. 삶 자체가 크고 작은 실수의 연속이 아니던가. 중요한 것은 자신의 잘못된 점을 부끄럽게 여기고 그것을 뒤집어 보려는 용기가 있는가 이다. 그럴 때마다 진보가 허락되는 것이다.

제71장

알지 못하는 것을 아는 것이 가장 좋고
알아야 할 것을 모르는 것은 병이다.
오직 병을 병으로 여기기 때문에 병이 없는 것이다.
성인에게는 병이 없으니
자기의 병을 병으로 여기기 때문에 병이 없는 것이다.

일흔둘,
네 멋대로 해라

自知, 不自見, 自愛, 不自貴 : 스스로 알지만 드러내지 않고, 스스로를 아끼지만 귀하게 여기진 않는다.

고복수와 전경이 매니아들의 입구에 회자되었던 게 벌써 3년 전이라니 흐르는 물과 같은 세월을 새삼 느낀다. 지난 주말 〈네 멋대로 해라〉를 다시보기로 10부까지 봤다. 몇 년 지났지만 복수와 경은 여전히 예뻤다. 이 드라마의 매력은 다듬지 않은 평상의 생각들이 그대로 말이 되어 전해지는데다가 깊이를 모를 사람 간의 교감이나 비껴가기에 외로울 수밖에 없는 허전함 같은 세밀하고도 복잡한 감정의 결을 솔직하게 보여준 데에 있다. 고복수와 전경이 예쁘게 사랑했던 모양도 보기 좋았지만 남들이 뭐라 해도 자존을 지킬 줄 알았던 음악인 경과 사랑을 경험하며 자신의 의미를 새롭게 찾아가는 복수의 의지가 더 사랑스러웠다. 사람이 자존감을 스스로 챙길 수 있다는 건 아름다운 일이다.

그런데 현실에서는 살짝 왜곡된 자존심도 많이 유통되고 있다. 예컨대 난 남들에게 내가 실수하는 걸 보이고 싶지 않아 급급한 경우가 많다. 특별한 재능 없는 보통사람인 내게 실수가 많은 것은 자연스러운 일인데 그 자연스러움을 비켜가고자 하니 인생이 얼마나 고달플 것인가. 대중 앞에서 강연이라도 하는데 제대로 해야 할 말을 풀어내지 못하고 엉뚱한 소리로 미봉한 뒤 강단을 내려온 날이면 밤을 밝히며 안절부절이다. 누구든 그럴 수 있는 일이며 안타깝지만 엎지른 물을 담을 수도 없는 일이니 다음번엔 잘해보도록 하자고 쿨 하게 정리한 뒤 푸욱 숙면을 취하는 편이 현명하다는 걸 머리로만 아는 것이다.

생각해 보면 나의 내면에는 자존심을 지키는 문제 너머에 자신을 드러내고 싶다는 욕구가 더 크게 살고 있는 것 같다. 자존감과 그것을 평가받고 싶은 욕심이 따로 떨어진 것은 아니겠지만 욕심이 앞서는 게 언제나 문제 아니던가. 그래서 결국 주객전도에 이르게 된다. 현실의 사람들을 봐도 그렇고 각가지 문학작품이나 영화 속에서도 흔히 볼 수 있는 것은 자기가 가진 것 이상으로 내 보이고픈 자기과시욕 때문에 심지어 범죄의 세계에 발을 적시기도 한다. 누구든 알아주면 더 좋겠지만 알아주지 않더라도 스스로 인정하는 자신을 즐길 수 있으면 좋으련만, 단순한 것 같은 그게 말처럼 쉽지 않다는 것을 한두 번 경험했던가.

드러난 모습에 집착하는 습성 때문이다. 내용이 외화된 것이므로 밖으로 드러난 모습은 중요하다. 그러나 겉치장만으로 그럴듯해 보이는 설정을 하였다면 잠깐 보는 이의 눈을 속일지는 모르겠으나 오래가지 못한다는 게 고금의 역사가 보여주는 진실이다. 설혹 모두를 감쪽같이 속였더라도 나 스스로는 그게 거짓임을 아는 바 그게 그리 재미있는 일은 아니지 싶다.

내게 고복수와 전경이 그렇게 예뻤던 것은 거짓으로 치장하지 않고 날 것 그대로의 솔직함에 당당히 맞서는 그들이 부러웠기 때문일 것이다. 그리고 그것이 자신을 진정으로 아끼고 귀하게 대접하는 방식이라 여기기 때문이다.

제72장

백성들이 두려워해야 할 것을 두려워하지 않으면
크게 두려워해야 할 일이 생길 것이다.
백성들이 기거하는 곳을 함부로 누르지 말고
백성들이 생활하는 바를 억누르지 말라.
무릇 억누르지 않기 때문에
백성들이 싫어하지 않는 것이다.
이 때문에 성인은
스스로 알지만 드러내지 않고
스스로를 아끼지만 귀하게 여기진 않는다.

일흔셋,
참을 수 없는 존재의 깊이

天網恢恢, 疏而不失 : 하늘의 그물은 넓고 넓어, 성긴 듯하지만 놓치는 것이 없다.

지난 학기에 혹은 수 년 전에 내 강의에 참여했던 학생들이 불현듯 내 인터넷 클럽을 찾아와서 안부를 전해주는 날은 다소 불쾌한 사건이 생겨도 용서가 되는 기분 좋은 날이다. 한 학기 수강했던 교양강좌 선생을 여러 학기가 지나서까지 기억하고 잠시라도 나누고자 마음을 내는 것은 쉬운 일이 아님을 알기 때문이다. 그래서 이런 경험은 대학에서 강의를 하는 자로서 내가 누리는 소중한 기쁨이다.

선생도 인간인지라 많은 학생들이 앉아있는 교실에서 특히 눈에 들어오는 학생들이 있다. 대충 성실하거나 소심하게 외도하는 학생들은 시야를 비껴가는 편이다. 내 이야기에 집중하는 학생, 냉소적으로 날 관찰하는 학생, 활발하게 자기 의견을 말할 줄 아는 학생, 날마다 좋 준비가 되어있는 학생들처럼 특이사항을 가진 경우에는 가차 없이 내 레이다망의 중심으로 들어온다. 눈빛을 빛내며 열심히 참여하는 친구들에겐 돈독한 애정까지 덤으로 추가되는 것은 물론이다. 그러니 가끔은 머리를 흔들며 '아냐! 더디거나 다른 곳을 향하는 학생들과 함께 가는 것이 선생의 임무일진저!' 뇌이며 스스로를 조정할 필요가 있다. 자칫 하면 편애할 수밖에 없으며 그게 보통 사람의 마음임을 매번 느낀다.

이런 보통사람의 시선으로 보면 따뜻하고 안락한 차 안에서 바라보는 눈보라가 비현실적인 것처럼 권력을 가진 자들이 각가지 유혹에서 자유롭지 못하다는 건 쉽게 헤아려지는 바이다. 그런데 오늘 오후 나는 몸을 휘청이게 하는 강한 바람이 몰아치는 차가운 광화문 거리를 종종 걸음 치며 어서 따뜻한 곳에 몸을 들이밀고자 안달하다 아주 잠시였지만 밑도 끝도 없이 시린 만주와 시베리아 벌판을 넘나들던 독립지사들이 생각났고 그런 사람도 사람인데…가슴이 저렸던 순간이 있었다. 이미 역사는 사람이 갈 수 있는 갖가지 길들을 그려 놓았고 어떤 길도 사람이 갔던 길이며 갈 수 있는 길이란 사실을 알려준다. 보통의 상식으로 갈 수 없는 의미 있는 길을 만들었던 인물들이 존재했던 것은 사실이고 그들의 역할이 많은 영향력을 미쳤다는 것도 분명하다. 그럼에도 불구하고 근간에 나는 한 인간의 폭이 그리 넓고 깊지는 못하다는 것을 다소 진하게 느끼는 중이다. 그러기에 위인이라 칭하는 사람들이 더 커 보일 수 있을까.

모든 것에 존재하는 나름의 아름다움을 볼 수 있는 눈이 그저 주어지는 것은 아닌 것 같다. 그거야 말로 수양이 필요한 일임을 알겠다. 오늘 아침 조간신문 칼럼에 인용된 정채봉의 '오늘'이라는 시다.

꽃밭을 그냥 지나쳐 왔네/ 새소리에 무심히 응대하지 않았네/ 밤하늘의 별들을 세어보지 않았네/ 친구의 신발을 챙겨주지 못했네/ 곁에 계시는 하느님을 잊은 시간이었네/ 오늘도 내가 나를 슬프게 했네.

기독교의 하느님이나 불교의 부처님이나 또 노자가 이야기 해 주는 도의 세계는 하나로 통하는 데가 있다. 빠뜨리지 않고 두루 품어 주는 품. 인간의 옹졸함을 비추는 넓은 품성. 그렇다고 자랑하거나 뽐내지도 않는 무심한 품. 그래서 깊이를 알 수 없는 품속.

그러니까 강의실에 모인 이들 각각이 지닌 아름다움을 볼 수 있고 또 스스로가 찾아낼 수 있도록 도움을 주는 선생이 좋은 선생님!

제73장

굳센 데에 용감한 사람은 죽을 것이고
굳세지 않은 데 용감하면 살게 된다.
이 두 가지는 혹은 이롭고 혹은 해로우니
하늘이 싫어하는 바를 누구라서 그 까닭을 알겠는가?
이 때문에 성인도 오히려 그것을 어려워한다.
하늘의 도는
다투지 않고도 잘 이기고
말이 없어도 잘 응하고
부르지 않아도 스스로 찾아오며
느슨하면서도 잘 도모한다.
하늘의 그물은
넓고 넓어
성긴 듯하지만 놓치는 것이 없다.

일흔넷,
아름다운 장인

夫代大匠斲者, 希有不傷其手矣 : 큰 목수를 대신해서 나무를 깎는다면 그 손을 다치지 않을 자가 드물다.

내게는 오늘날 생산되는 예술품 보다 이삼백 년 전에 나온 것들 혹은 그 보다 더 오래된 작품들에게서 세련된 미의식이 선명하게 읽힌다. 산사의 문창살에서 와당의 문양에서 문갑 모서리에서 백자의 둥근 선에서. 도처에서 발견되는 섬세한 손길이 신기하고도 감미롭다. 저것을 만들어 내기까지 그가 망쳐버렸을 재료와 상처투성이일 손과 자기 작품에 대한 애정이 손에 잡힐 것처럼 가깝게 느껴진다. 그저 오래되었기 때문에 가치 있는 것으로 여기는 게 아니고 여전히 지금 사람의 눈을 사로잡는 아름다움에 매료된다.

손끝이 맵다거나 손재주가 좋다는 평을 듣는 사람은

타고나는 것 같다. 나는 손으로 무얼 만든다거나 그린다거나 하는 데에서는 두 손 두 발 다 드는 쪽이다. 그런데 내가 약한 그 부분을 특별히 잘해내는 이들이 있다. 타고나는 취향이나 능력 이외에 관심을 기울인다는 점이 나와 그들의 차이일 것이다. 예쁘고 아름다운 걸 보는 것은 좋아하지만 그걸 직접 만들어보고자 하는 의욕이 전혀 없는 나에 비해 그들은 일단 한 번 해 보는 거다. 스스로 만족스럽지 않다면 계속 같은 것을 반복하는 지루함조차 기꺼이 받아들이는 모양이다. 그러니까 그것에 호기심이 있는가의 여부가 그것을 잘할 수 있는가와 비례한다는 것은 평범하지만 틀리지 않은 진실이다.

호기심이 왕성한 아이들을 보면 같은 부모에게서 난 형제라도 그 호기심의 향방이 각가지이다. 30명의 아동이 모인 교실이라면 그 아이들 수만큼 다양한 기질과 호기심을 갖고 있을 터이다. 그런데 많은 부모들은 자신들의 자녀가 일정한 방향으로 걸어가 주길 바라는 경향이 있다. 물론 자신들의 관점에서 이 세상을 잘 살아갈 수 있는 방식이라 이해한 쪽으로 말이다. 그것이 최선의 자녀사랑이란 점을 의심하지 않을 것이다. 누구라서 이러한 부모의 애정을 탓할 수 있겠는가.

그런데 아이의 행복한 삶을 바란다면 사회가 요구하는 일정한 방식으로 인도하는 교육보다는 그 아이가 어떤 것을 좋아할 수 있고 그래서 잘할 수 있을 것인가를 우선적으로 고려하는 편이 현명하다. 자신이 재미있어 하는 일은 누구보다 잘 할 수 있는 가능성이 높고 최소한 스스로 즐거울 수 있으니 말이다. 나이를 더하며 버릇처럼 '인생 별거 없다'를 뇌이는 것은 재미있게 사는 게 최선이라는 깨달음 때문이다. 잘 사는 것 보다는 행복하게 사는 게 더 좋지 않은가.

그렇다고 기존의 가치에서 벗어나는 것이 곧 즐거운 삶으로 가는 길은 아닐 것이다. 다만 삶의 방식에서 스스로 결정할 수 있는 폭을 넓히는 쪽이 행복을 느끼는 지수를 높이는 유효한 방법임은 분명하다. 신나게 일하는 속에서 기발하고 뛰어난 성취가 드러나기도 수월한 법이다. 오늘의 장인은 그게 무엇이든 자신이 선택한 일을 행복한 마음으로 보듬고 나아가는 데에서 탄생할 수 있을 것이다. 앞서 산 사람들은 뒤 세대가 그걸 찾을 수 있도록 도와 줄 수 있으면 최선이다. 지능지수가 높고 학교성적이 좋다 해서 모두 의사나 판검사의 길로 가야한다는 공식이 있는 건 아니다. 예술가나 요리사가 되었으면 행복하게 살았을 사람이 몸에 안 맞는 법복을 입고 살다보면 본의 아니게 스스로나 남을 다치게 하는 일을 벌일 수도 있는 것이다.

제74장

백성이 죽음을 두려워하지 않는데
어떻게 죽음으로써 그들을 두렵게 만들 수 있겠는가!
만일 백성이 항상 죽음을 두려워하도록 하고
기이한 일을 행하는 자가 있으면
내가 잡아서 죽일 것이니 누가 감히 그렇게 하겠는가?
죽임을 관장하는 것은 따로 있는데
죽임을 담당하는 자를 대신해서 죽이는 일은
큰 장인을 대신해서 나무를 깍는 것이라 한다.
큰 목수를 대신해서 나무를 깍는다면
그 손을 다치지 않을 자가 드물다.

일흔다섯,
미운 사위에게 매생이국을!

夫唯無以生爲者, 是賢於貴生 : 삶을 위해 유위하지 않는 것이 삶을 귀하게 여기는 것 보다 현명하다.

매생이는 청정해역에서 자라는 갈파래과에 속하는 해조류로서 매년 12월에서 2월까지 3개월 가량 생산되는데, 물이 깨끗하고 바람과 물살이 세지 않아야 하며 따뜻한 곳을 좋아한다고 한다. 환경오염에 예민하여 태풍이 많아 바닷물이 뒤집히거나 육지로부터 오염물질이 유입되면 생육이 저하되며, 특히 염산 기척만 있어도 녹아버리는 대표적인 무공해 식품이란다.

이런 환경에서 자란 매생이는 부드럽고 감칠맛 나는 구수함을 지닌 데다 소화가 잘되기 때문에 남도사람들의 겨울입맛을 돋구어 왔다고 한다. 무채와 함께 무친 새콤달콤한 파래무침은 추운 날의 미각을 돋우는 음식인데 그 파래와 비슷하게 생긴 것이 매생이다. 파래로 국을 끓였다고 생각해보면 매생이국의 모양이 짐작될 터인데 짐작대로 그리 예쁘지는 않은 모양새이다. 그런데 매생이는 조리해도 색이 변하지 않고 팔팔 끓여도 김이 많이 나지 않는다. 그래서 남도 지방 사람들의 속담에 '미운 사위놈에게 매생이국 먹인다'거나 '얄미운 시어머니에게 매생이국 준다'는 말이 있다고 하니 슬그머니 웃음이 난다. 백년손님이라는 사위가 예쁜 이유는 자기 딸을 사랑해 주고 그래서 믿음직해서 일터인데 그 사위가 딸의 속을 어지럽힌다면 얼마나 밉겠는가. 그렇다고 대놓고 윽박지르기는 조심스럽고 해서 '에라 뜨거운 매생이국 맛 좀 봐라'가 되는 것이다.

세상에는 뜨거워도 뜨겁지 않은 것처럼 보이는 물건이 있고 드라이아이스처럼 차갑지만 뜨거워 보이는 것도 있다. 저마다 독특한 성질을 지닌 물건들이 모여 있는 공간이 우리가 사는 세상이다. 그러니 재미있기도 하거니와 그러한 사정을 많이 이해할수록 삶의 나이테도 더 진하게 넓혀질 수 있는 법이다. 사람이 재미를 느끼는 데에는 다양한 계기가 있지만 몰랐던 일을 알아가는 재미도 쏠쏠하다. 미처 깨닫지 못했던 일이나 잘못 알았던 사실을 재발견하는 경험은 삶의 활력을 준다. 그래서 호기심이 죽으면 늙는 것이고 늙는다는 것은 단순한 숫자의 더

함을 의미하는 것이 아니라 삶의 활력을 잃어버리는 것이다.

매생이국의 생리를 이해하는 것처럼 내가 사랑하는 이의 취향을 알아가고 내가 살고 있는 조직의 특징을 배워가는 것은 삶을 채워가는 하나의 방식이다. 김이 나지 않으니까 뜨겁지 않을 것이라는 피상적 이해에서 그치지 않고 그것을 직접 맛보고 관찰 한 다음에 찾아지는 의외의 성과들은 삶의 층을 한결 단단하게 만들어 줄 것이다. 그저 이런 생활의 장면들을 재미있게 만나고 거기에 주목하는 것이 모이면 곧 나의 인생이 될 것이다.

매생이국이나 드라이아이스가 지닌 개성을 가감 없이 보아 줄 수 있는 눈은 세상의 평화를 위해 소중하다. 그러니 나 또한 다른 누구를 위한 내가 아니라 나를 위한 나로서 세상과 대면하기를 원한다. 그리하여 어느 때고 내게 가장 적절한 행동을 선택했으면 좋겠다. 노자는 그런 것이 내게 가장 어울리는 삶이며 그것이 곧 도를 따르는 길이라지 않던가. 이런 길은 걸어감으로써 누구보다 빛이 나는 아름다운 사람으로 성장해 가는 모습을 그려 보는 것은 참으로 행복한 상상이다.

제75장

백성이 굶주리는 것은
그 위에서 세금을 많이 받기 때문에
그래서 굶주린다.
백성을 다스리기 어려운 것은
그 위에서 유위하기 때문에
그래서 다스리기 어렵다.
백성이 죽음을 가볍게 여기는 것은
그 위에서 살고자 하는 것이 지나치기 때문에
그래서 죽음을 가볍게 여긴다.
오직 삶을 위해 유위하지 않는 것이
삶을 귀하게 여기는 것 보다 현명하다.

일흔여섯,
동지冬至의 상징

堅强者死之徒, 柔弱者生之徒 : 뻣뻣하고 딱딱한 것은 죽음의 무리이고, 부드럽고 약한 것은 삶의 무리이다.

어둠이 깊을수록 아침이 가깝다. 이런 표현은 우리가 몸소 체험하는 자연현실에 빗대어 말하는 것이니 그 내용을 쉽고 구체적으로 이해할 수 있다. 자연과 인간을 나누어 보지 않았던 사람들에게 이런 표현 방식은 도처에 널려있다. 우리 조상들이 자연과 인간을 같은 동아리로 생각하였던 관점은 상당히 합리적이며 과학적인 사고방식이다. 같은 맥락에서 인문학적 상상력은 과학의 세계와 별개가 아니다.

과학적 발견의 상당부분이 상상력에 의한 것이라지 않던가. 상상想像이라는 단어는 『한비자』에서 유래한다. 코끼리를 본 적이 없는 고대 중국인들이 코끼리뼈를 근거로 그 동물의 생김새를 추정했다는 데에서 유래한 말이다. 그러니까 사람의 상상력은 근거를 가지고 아직 발견하지 못했거나 실재하지 않는 것을 구성해 보는 힘이다.

기억의 재생은 과거의 경험을 그대로 생각해내는 것이므로 상상이라 하지 않으며, 사고思考는 추상적 개념을 구사하는 것으로 이미지에 의존하지 않기 때문에 상상과는 구별된다. 상상의 내용이 현실에는 없는 것이라고 생각되는 경우, 이것을 공상이라고 한다. 그러나 달 여행은 공상이었지만 점차 상상으로 발전되더니 이미 현실이 되었다. 상상하는 사람은 그 내용이 현실이 아니라는 것을 알고 있다. 그러니 망상忘想이나 환각幻覺처럼 있지도 않은 것을 현실로서 생각하는 것과 구별된다. 그러니 상상력이 사람의 아름다운 능력 중에서도 중요한 자리를 차지한다 해도 틀린 말이 아니다.

사람은 누구라도 어려운 주기에 놓일 때가 있다. 그리고 어려운 주기가 있으면 좋은 때도 만나게 된다. 그러니 아무리 운이 나쁘고 실력까지 따라주지 않는 사람이라지만 꾸준히 그 길을 가다보면 나름 전기轉機가 되는 계기를 만나게 된다. 내가 미래를 놓아버리지 않는 한 돌파구는 만들어질 수 있다.

2005년 한해의 끝에 선 지금 시도했던 여러 가지 것들의 실패를 경험한 나는 별 재미가 없는 주기에 놓여있다. 그런데 애써 스스로에게 말해주는 중이다. 재미없지만 재미있게 지내자. 그리하여 새롭게 만들어 갈 나의 생활을 상상해 보자. 옛날에 동지 지나면 새해라고 이해했던 시절이 있었다. 동지는 한 해 중 밤의 길이가 가장 긴 날이고 음양론의 설명에 따르면 음의 기운이 극에 달하는 날이다. 그러나 하루 지나면 다시 반전의 날들이 쌓인다. 하루하루 낮의 길이가 길어지고 양의 기운이 자라면서 균형을 유지하는 지점을 향해 성장하는 것이다.

힘겹고 슬픈 감정들은 사람을 딱딱하게 만든다. 딱딱한 마음이 오래가면 깨지거나 부러져버릴 것이다. 그러니 다시 살아나기 위해서는 유화시킬 방안을 찾아야 한다. 지금 눈앞의 상황이 끝이 아니니까 긍정적인 눈으로 미래를 상상하는 마음을 불러 내 보면 거짓말처럼 살 길이 열릴 수도 있다. 동지의 상징을 통해 유연한 삶의 방법들을 생각해 본다.

제76장

사람이 태어날 때는 부드럽고 약한데
죽을 때에는 뻣뻣하고 딱딱해진다.
만물 초목이 태어날 때는 부드럽고 약한데
죽을 때에는 말라버린다.
그러므로 뻣뻣하고 딱딱한 것은 죽음의 무리이고,
부드럽고 약한 것은 삶의 무리이다.
이 때문에
군사가 강하기만하면 이길 수 없고
나무가 강하면 부러진다.
강하고 큰 것은 낮은 곳에 있고
부드럽고 약한 것은 높은 데에 처한다.

일흔일곱,
역사 이래 골칫거리

損有餘而補不足, 損不足以奉有餘 : '여유있는 것에서 덜어내어 부족한 데 더해주는 것'과 '부족한 데에서 덜어내어 여유있는 것을 받드는 것'.

다양한 용도로 활용할 수 있는 이성 친구를 거느린 친구들을 보며 부러운 시선에 침을 흘리는 나 같은 솔로들은 사철 내내 냉랭한 한겨울이다. 그러니 도대체 왜 내게만 이렇게 심하게 구는거냐고 누구에게랄 것도 없는 불평으로 볼을 매기 일쑤이다. 그런가 하면 주변에 사람을 두루 거느린 자들도 정작 실속은 없다느니 풍요 속의 빈곤이니 하면서 불평질이다. 내가 보기엔 배부른 소리지만 그들이 토로하는 결핍감도 완전히 거짓은 아닌 듯싶다. 그런데 이렇게 고르지 못한 분배와 소유 정도에 대한 불만이 어디 이성친구에만 한정된 것이겠는가.

이런저런 불평불만의 상당 부분은 비교에서 유래한다. 그녀는 왜 나보다 감각이 뛰어나지? 난 왜 저 사람보다 다리가 짧은가? 그는 왜 나 보다 모든 면에서 뛰어난가? 그들은 왜 나 보다 좋은 대학을 다녔으며, 혹은 대학을 나오지도 못했는데 그토록 대단한 성공을 거두었는가? 적어놓고 보면 유치하기 짝이 없는 생각들이지만 실상 우리가 늘 달고 다니는 속마음이다. 사람을 포함해서 이 세상에 존재하는 모든 생명들이 저마다 자신의 색을 지닌다는 것은 개인의 유전자 정보나 지문 같은 유일무이한 증거를 들이대지 않더라도 너무 당연한 일이다. 인간복제 기술에 의해 태어난 사이보그가 아닌 이상 우리가 어떻게 다르지 않을 수 있는가.

어떤 조건에 있는 사람이라도 다 그들 나름의 장점이나 미덕이 있고 그 반면에는 단점이나 악덕도 존재한다. 유사 이래의 어떤 사건도 긍정적인 면과 부정적인 면을 두루 지닌다. 남과 비교하면 자꾸 왜소해지기만 하는 내게도 남이 갖지 못한 알짜배기 무엇이 들어있을지 모른다. 다 아는데 나만 발견하지 못했을 수도 있다. 그런 고소한 생각을 자각하지 못한다면 많이 아까울 것 같긴 하다. 사랑에 빠진 사람들은 사랑으로 얻은 에너지를 다른 일에도 발휘하게 된다. 그래서 비슷한 노력으로도 평소보다 좋은 효과를 거두는 사례를 종종 본다. 인생의 상승

주기에 오르는 것이다. 그러니까 자기 생의 활력을 주는 동기를 마련하는 일은 현명한 삶의 방식이다.

모든 것은 나름의 가치를 지니는 존재들이기에 상대적으로 비교하는 시선을 버리는 것이 옳은 일이다. 그러나 그럼에도 불구하고 유사 이래 세상에는 강한 것이 약한 것을 잡아먹고 큰 힘이 작은 힘을 눌러버리는 힘의 논리가 도도히 흐른다. 어떤 꼬마는 이 세상이 평등해지려면 '세상의 모든 가난한 남자가 세상의 모든 부자 여자와 결혼을 하고, 부자 남자가 가난한 여자와 결혼하면 된다'는 순진한 발상을 하였다. 나누어 가지는 것이 해법이라는 단순하지만 명쾌한 분석인데, 어찌된 일인지 현실의 세상은 그 반대쪽으로 훨씬 많이 나아가 있다. 부익부 빈익빈이다. 노자가 살았던 고대의 사회나 우리가 살고 있는 현대사회도 그 점에서는 크게 다르지 않은가 보다. 노자의 도의 세계는 분배의 공정함이 이루어지는 곳인데 실제 세상은 그 반대에 서 있다. 그래서 인간들은 행복할 수 없는 거라고 노자가 말한다. 그러니까 행복하기 위해서는 하나, 자신의 장점을 찾아낸다. 둘, 잘 나눈다.

제77장

하늘의 도는 마치 활을 당기는 것과 같다.
높은 것은 누르고 낮은 것은 들어올리며
여유있는 것은 덜고 부족한 것은 더해준다.
하늘의 도는
여유있는 것에서 덜어내어 부족한 것에 더해준다.
사람의 도는 그렇지 않아서
부족한 것에서 덜어내어 여유있는 것을 받든다.
누가 여유있는 것으로 천하를 받들 수 있는가?
오직 도를 가진 사람일 뿐이다.
그렇기 때문에 성인은
일을 하되 자랑하지 않고
공을 이루지만 거기에 머무르지 않으며
현명함을 드러내려고도 하지 않는다.

일흔여덟,
뉘앙스

弱之勝強, 柔之勝剛, 天下莫不知, 莫能行 : 약함이 강함을 이기고 부드러움이 굳셈을 이긴다는 것은 천하가 다 알지만 실천하지는 못한다.

'아' 다르고 '어' 다르다는 말은 같은 내용이라도 어떤 방식으로 전달하느냐에 따라 다르게 받아들여질 수 있다는 의미로 사용된다. 다른 사람과의 관계가 유연해서 주변에 사람이 많고 그래서 외롭지 않게 세상을 잘 살아가는 사람의 중요한 무기는 그 아와 어를 잘 구별한다는 점이다. 그에게는 하고 싶은 말을 하면서도 상대의 기분이 상하거나 그가 돌아서지 않도록 하는 요령이 있다. 그러니 자기 안에 쌓이는 것도 없으면서 동시에 다른 이와의 관계도 문제가 없도록 하니 무리하게 충돌하는 일 없이 잘 살아갈 수 있는 거다.

아내나 애인을 두고 곰 보다는 여우가 낫다는 말을 하는 것도 맥락이 통하는 것처럼 보인다. 자기 불만이 생기면 도통 뚱한 채로 버티기를 고수하며 자기 속을 헤아려 주기를 바라는 쪽이 곰형이라면 왜 자신이 불만일 수밖에 없는지를 상대가 절로 미안해 질 만큼 밉지않게 표현하는 쪽은 여우형이다. 자기 자신도 잘 알 수 없는 게 사람인데 상대의 마음을 내 맘처럼 잘 헤아려 주는 것은 불가능한 일이다. 그래서 가까운 사이일수록 더 많이 대화하고 표현함으로써 최대한 소통의 창구를 만들어 놓아야 한다. 아무리 사랑하는 사이라 해도 말하지 않으면 전달되지 않는 부분이 많은 법이고 특히 생활에서 만나는 구체적 문제에 대해서는 더욱 그러하다.

당연히 곰형과의 관계에서는 소통의 출구가 자주 막힐 가능성이 높고 그러다 보면 서로 불만의 골이 깊어질 수밖에 없다. 애초에는 미안하다는 가벼운 사과 한마디로 막으면 될 일이 나중에는 눈덩이가 되어 관계를 더 이상 지속할 수 없는 지경으로 몰고 갈 수도 있다. 그 사람의 진정이 착하고 곧은 사람이라는 것을 알고 있다 해도 몰이해의 골이 깊이 파이면 건너기 어려운 상황에 놓일 것이 뻔하다. 곰형을 대하기 어려운 상대로 치부하는 이유는 소통의 장애를 불러 올 가능성이 더 크기 때문일 것이다. 그러니 곰과 여우가 상징하는 것은 예쁘고 덜 예쁘고의 문제라기보다 잘 통할 수 있는가 아닌가의 차이를 말한다.

 잘 통할 수 있는 방식 중의 하나는 부드럽거나 약하게 가는 거다. 물론 때로는 강한 액션이 필요한 경우도 있지만 그건 결정적인 순간에 잠시 소용되는 일이지 줄곧 강하게 나갔다가는 부러지기 십상이지 않던가. 그러니까 유함 속에 자기주장을 잘 갈무리 하는 것이 최상의 방법인 셈이다. 노자는 부드럽고 약하지만 강한 것을 이길 수 있는 것으로 물을 상징한다. '내가 물처럼 보이냐'와 '물과 같이 부드럽게 순리에 따른다'는 모두 물의 유약함을 상징적으로 나타내는 말이지만 그 뉘앙스는 상당히 다르다. 당연히 노자가 말하는 물은 유야무야한 맹탕을 의미하는 게 아니라 부드럽게 그러나 속속들이 스며들 수 있는 진짜로 강인한 덕목을 꼬집어 낸 것이다.

제78장

천하에 물보다 부드럽고 약한 것이 없으나
굳세고 강한 것을 공략하는 데 그를 이길 것이 없는 것은
그 성질을 바꿀 수 없기 때문이다.
약함이 강함을 이기고 부드러움이 굳셈을 이긴다는 것은
천하가 다 알지만 실천하지는 못한다.
그렇기 때문에 성인이 말하기를
나라의 더러움을 받아들이는 것을 사직의 주인이라 하고
나라의 상서롭지 못한 일을 받아들이는 것을 천하의
왕이라 했으니
바른 말은 마치 뒤집어진 듯한 것이다.

일흔아홉,
있을 때 잘해요!

和大怨, 必有餘怨 : 큰 원망은 풀더라도 반드시 남은 원망이 있으니.

몇 년 전 모교에서 연구원으로 2년 동안 근무한 적이 있다. 그 때 내가 머물던 방을 청소해 주셨던 아주머니는 내가 연구원 임기를 마친 지 삼년이 훨씬 지난 지금도 같은 공간을 담당하신다. 가끔 마주치면 반가운 사람들 중 한 분이다. 난 다양한 직업군에 속한 사람들을 부러워하거나 존경하거나 때론 열광하기도 하는데 특히 몸을 써서 일하시는 분들에겐 그저 고개가 숙여진다. 특히 그 일을 성심으로 하시는 것처럼 보이면 난 아주 자연스럽게 머리를 숙이는 인사를 하게 된다. 내게는 너무 어려운 일을 저렇게 열심히 잘 해내시는구나 감탄하는 마음이 그렇게 하도록 한다. 또 존경스러워 마지않는 부류가 소설가이다. 나와 비슷하게 경험했을 그런 소제를 살아있는 이야기로 다시 탄생시키는 마술과도 같은 문장들이 날 충분히 매혹시킨다. 올해 읽었던 소설 중에 인상적인 작품으로 최인호의 『유림』이 기억난다.

내가 읽은 부분은 조광조, 공자, 이황을 다룬 세 권의 책이었는데 앞으로 몇 권이 더 나올 예정이라든가. 이 소설읽기는 그 사람들을 공부하는 전공자로서 참 부끄럽다는 생각을 하게 했던 시간이었다. 많이 보고 사색하고 그리고 다시 조직해 내었구나! 역시 최인호 원작의 소설 『해신』을 극화했던 드라마 〈해신〉도 한동안 날 빠지게 했던 대상이었다. 〈해신〉은 시세에 영합한 기회주의자로 평가받는 인물 장보고를 적극적으로 운명을 개척해 간 선구자라는 새로운 측면에서 조명한 이야기였다. 『삼국유사』에서 장보고를 다룬 기사는 한두 쪽을 넘지 않는 분량이고 『삼국사기』나 『일본서기』 등의 사서를 잘 검토해 보지는 않았지만 거기서도 그리 많은 양의 사적이 남아있지는 않을 터이다. 그에 기초해서 세 권이나 되는 이야기를 만들어 낼 수 있는 소설가의 상상력이 신기할 뿐이다.

드라마 〈해신〉은 주인공 장보고와 풍운아 염장을 둘러싼 이야기가 주요 줄기가 된다. 모진 고난 속에 살았지만 또 적절한 때에 좋은 사람을 만나는 행운도 있었던 장

보고에 비해 성정은 곧지만 옳지 못한 무리 속에 속해야 했던 염장은 언제나 어두운 사회에 머문다. 그들은 소년기 때 서로에 대한 좋은 기억이 있는데다 마음으로 서로를 인정하는 부분이 있었다. 그러나 노는 물이 다르고 현실적 지향이 다르다 보니 결국 평행선을 걷다가 한 사람이 다른 사람을 죽이는 지경에까지 이르게 된다.

서로 만나지 못하고 평행선을 걷다 보면 원망이 생겨도 해소할 길이 없고 혹 사랑이 싹트더라도 만나질 못한다. 그저 마주보거나 미워하게 될 뿐이다. 이보다 더 나쁜 경우는 원망하며 되돌아서는 경우이다. 만일 이 사건이 서로의 마음 깊은 데까지 건드린 사안이었다면 혹 나중에 화해를 하게 되어도 깊숙한 곳에 가라앉은 앙금까지 다 없애기는 어렵다. 그러니까 최후라고 생각되는, 마지막이라고 여겨지는 말은 가능한 참아내는 쪽이 현명하다.

세상을 살아가면서 만나는 무서운 일 중 순위가 있다면 '좋아했던 사람이 서로 미워하며 등지는 사태에 직면함'은 분명 세 손가락 안에 들 것이다. 믿었던 사람에게 받는 상처는 불치병에 가까운 상흔을 남기기 때문이다.

제79장

큰 원망은 풀더라도 반드시 남은 원망이 있으니.
어찌 좋다고 하겠는가.
이 때문에 성인은
왼쪽 계契를 가지고 있더라도
남에게 요구하지 않는다.
덕이 있는 사람은 계만을 살펴보고
덕이 없는 사람은 그 행적을 살펴본다.
천도는 사사로움이 없으니
항상 착한 사람과 함께한다.

여든,
살림살이

甘其食, 美其服, 安其居, 樂其俗 : 그 음식을 달게 여기고, 그 옷을 아름답게 여기며, 그 거처를 편히 여기고, 그 풍속을 즐긴다.

독립생활을 시작한 지 만 일 년이 조금 넘었다. 일반적이라면 결혼을 하거나 유학을 가든지 취업을 하든 간에 이십대 중반 이후면 부모 형제의 가족과는 다른 형태의 새로운 가족을 만드는 게 보통이다. 이런 관점에 의거하면 난 상당히 오랜 동안 새로운 가족을 만들지 못했고 덕분에 독립생활도 가능하지 않았더랬다. 요즘엔 싱글로 혼자 사는 것이 그리 어색한 일이 아닌데다 나이도 남 못지않게 먹어버린 다음이라 독립선언이 별 무리 없이 통과되었다. 혼자 살아도 사람이 사는 데 필요한 것은 모두 소용이 되는지라 작은 집을 의식하며 살림은 될 수록 줄이고자 했음에도 이미 내가 가진 물건은 한

도 초과를 목전에 둔 듯싶다.

공부를 직업으로 하니 우선 책 살림이 만만치 않다. 상대적으로는 책을 많이 갖지 않은 편인데도 여전히 2천 권 가까운 책을 지니고 있다는 게 어느 때는 한심하기도 하다. 저 중에 더 이상 책장을 넘기는 일 없이 나와의 인연을 끝낼 책들이 태반일 터인데 어쩌자고 내 집으로 자꾸만 끌어들였는가. 지붕까지 키가 닿는 7개의 책장과 책상 하나가 놓이니 공부방은 꽉 찬다. 작은 집이니 짐을 줄이자고 컴퓨터도 노트북으로 몸피를 좁혔고 드라마를 좋아하게 되었음에도 텔레비전 수상기를 들여놓을 생각은 아예 안했다. 처음에는 음악도 노트북으로 해결하자고 생각해서 오디오 기기도 없었는데 노트북 소음과 함께 음악을 듣는 일이 너무 괴로워서 얼마 전에 미니 오디오를 장만했다.

옷을 넣어야 하니 옷장이 필요하고 잠을 자야하니 메트리스도 있어야 했고 음식을 해 먹으려면 식기며 냉장고 전자렌지 그런 것들이 있어야 했다. 여름이면 선풍기나 에어컨 같은 게 필요했고, 세탁기는 필수였다. 이미 소유하게 된 짐들만 해도 2.5톤 트럭을 가득 채우는 건 문제가 아닐 것 같다. 레비-스트로스는 『슬픈열대』에서 말하길 사람이 사는 데 필요한 것은 아주 조금이라 말했고 난 완전 동감이었건만 내 소유의 물건을 자꾸 늘려

가는 어리석은 짓을 여전히 하고 있는 것 같아서 살짝 우울해지려 한다.

석가모니는 이 세상이 고해인 이유 중의 하나가 가지고 싶은 욕구 때문이라고 이미 오래 전에 이야기 한 바 있다. 가지고 싶은 데 가질 수 없는 현실은 인간의 심정을 충분히 상하게 한다. 그런데 인생을 살아가는 사람이면 누구나 공감하겠지만 원하는 것이 그렇게 호락호락 내 수중으로 떨어지던가. 혹 눈먼 사람이나 물건이 내게로 들어오더라도 그 다음에 그것을 지키고자 빼앗기지 않고자 전전긍긍해야 하지 않던가. 차라리 없느니만 못하다는 역설이 튕겨져 나올 지경에까지 이르지 않는다면 다행인 일이다.

사는 데 필요한 최소한의 도구만 놓여있는 산사의 암자에서 정진 중인 스님들을 생각하면 마음이 평화로워진다. 그럼에도 불구하고 난 여전히 좋은 것을 갖고 싶어 할 것이고 갖지 못한 것 때문에 수많은 불면의 밤과 싸워야 할 지 모른다. 아니, 이것이 전반적인 기저로 내 안에 도사리고 있을 것을 알고 있다. 허나 아주 가끔은 비어있음으로써 평화로울 수 있는 세계에 대해 상상해 보려 한다. 그래서 나의 욕심스러운 심정에 태클을 걸 수 있는 계기를 스스로 만들어 볼 용의쯤은 가지고 있다.

제80장

나라는 작고 백성은 적으니
많은 기구가 있더라도 사용하지 않도록 하고
백성으로 하여금 죽음을 중히 여겨 멀리 옮겨 다니지 않도록 한다.
비록 배와 수레가 있더라도 그것을 탈 일이 없고
비록 군사와 병장기가 있지만 그것을 쓸 일이 없다.
사람들로 하여금 다시 새끼를 꼬아 사용하게 하고
그 음식을 달게 여기며
그 의복을 아름답게 여기고
그 거처를 편안하게 여기며
그 풍속을 즐기도록 한다.
이웃 나라가 서로 바라다 보이고
닭 울고 개 짖는 소리가 서로 들릴지라도
백성은 늙어 죽을 때가지 서로 왕래하지 않는다.

여든하나,
재미있는 인생

聖人不積, 旣以爲人, 己愈有 : 성인은 쌓아두지 않으니 다른 이를 위함으로써 자신은 더 가지게 된다.

일 년 전 오늘 남아시아 해안의 여러 나라를 강타한 쓰나미는 순식간에 20여 만 명의 생명을 앗아간 무서운 재앙이었다. 크리스마스 휴가를 즐기러 피피섬이나 푸켓을 찾았던 관광객들과 현지인들은 무서운 기세로 덮친 해일에 속수무책으로 목숨을 잃었다. 전송된 사진으로 본 엄청난 지진해일의 소용돌이는 벌어진 입을 다물지 못하게 하였다. 다만 내가 그날 거기에 없었기에 난 살아남을 수 있었을 뿐이다. 휴가를 즐기러 갔던 내 가족 중의 한 사람이 순식간에 유명을 달리하고 돌아올 수 없는 몸이 되었다는 사실을 어떻게 이해할 수 있단 말인가. 수많은 사람들의 아픔이 멀지않게 전해진다.

그렇게 엄청난 사고를 만나지 않더라도 사람은 100여 년 안쪽의 시간 동안만 이 세상에 존재할 수 있다. 가까스로 이런 저런 사고의 위험에서 벗어나 자기 수명을 온전히 누린다 해도 말이다. 그러니 오늘 하루가 얼마나 소중하며 어떻게 내 옆에 있는 사람을 사랑하고 또 사랑하지 않을 수 있는가. 우리는 어려서부터 부모와 선생님, 그리고 다양한 독서를 통해 만난 수많은 선배들로부터 잘 살아야 한다는 말을 수 없이 들으며 성장한다. 인생은 그리 길지 않아서 '어'하는 사이에 성큼성큼 시간이 흐르고 나이가 든다. 그러니 후회를 줄이는 인생을 살기 위해서는 잘 살아야 한다. 그런데 어떻게 사는 것이 잘 사는 길인가?

안정된 직장을 가질 수 있도록 하는 것이 최선이다, 전문직 종사자가 되는 쪽이 현대사회의 미덕이다, 뭐니뭐니 해도 자본이 최고인 사회이므로 돈이 되는 일에 민감한 감각을 키우는 것이 최고다, 비쥬얼의 시대에 발맞추어 스타 훈련을 받는 일이 단번에 크게 뜰 수 있는 길이다, 그 무엇보다 사람이 중요하니 결혼을 잘 하는 게 최고다. 틀린 말은 하나도 없는 것 같지만 막상 무엇 하나를 선택하더라도 미진한 구석은 남을 것 같은 심정인데다 그 하나를 선택해서 잘 된다는 보장도 없으니 막막한 일이다. 어떻게 살 것인가의 문제에서 무엇을 하며 살 것인가는 중요한 부분이다.

다른 사람에게 해를 끼치지 않는 한에서 최대한 내가 행복할 수 있는 길을 선택하는 게 최선이라는 믿음은 최근에 강해진 생각이다. 올바른 삶이나 바른 삶 보다 훨씬 중요한 것은 내게 재미있는 삶이 더 우선되어야 한다는 마음이다. 내가 즐거워야 주변을 둘러보는 시선도 기껍게 넓혀질 수 있다. 다른 이와 나누면 내가 더 즐거워지기 때문에 나눌 수 있다면 동기가 분명하기 때문에 그 행동에도 진정성이 묻어날 수밖에 없지 않은가.

이런 나의 생각은 노자를 읽으면서 더 분명해진 듯싶다. 81장 내내 노자는 내게 이야기 해 주었다. "다른 사람들이 다 옳다고 하는 길을 한 번 뒤집어 보렴. 길은 하나만 있는 게 아니잖아. 네가 좋아할 수 있는 길인지 스스로에게 물어보렴." 행복해지기 위해서는 다양한 방향에서 세상을 바라 볼 여유를 지녀야 한다고 그는 내 귀에다 속살거린다. 그는 강한 것이 항상 강한 것이 아니며 부드러움이 어떤 것 보다 강할 수 있다는 것을 기억하라고 말한다.

제81장

믿음직스러운 말은 아름답지 않고
아름다운 말은 믿음직스럽지 않다.
착한 사람은 말로 떠벌이지 않고
말로 떠벌이는 사람은 착하지 않다.
지혜로운 사람은 넓지 않고
넓은 사람은 지혜롭지 못하다.
성인은 쌓아두지 않으니
다른 이를 위함으로써 자신은 더 가지게 되며
다른 이에게 주어도 자신은 더 많아지니
하늘의 도는 이롭고 해롭지 않으며
성인의 도는 도와주고 다투지 않는다.

- 끝 -